더 많은 정보를 얻고 싶다면
어스본 바로가기(usborne.com/quicklinks)에 방문해서
검색창에 'things to know about saving the planet'을 입력해 보세요.
이 책에 나오는 많은 정보들에 관해 더 알아보고,
지구 환경과 기후 위기에 관해서도 더 많은 내용을 발견할 수 있어요.

우리가 추천하는 웹사이트에서는 다음과 같은 활동들을 해 볼 수 있어요.

- 원전 사고가 일어난 현장에서 번성하는 야생 동물 살펴보기
- 북극 깊숙한 곳에 있는 세계에서 가장 큰 씨앗 은행 '최후의 날 저장고' 둘러보기
- 다양한 음식의 탄소 발자국 살펴보기
- 벌 호텔 만드는 방법 배우기
- 국경이 아닌 법에 의해 보호 받는 물속 세계 둘러보기
- 예술을 이용해 기후 변화에 관심 갖게 하는 방법 알아보기

어스본 출판사는 '어스본 바로가기' 이외의 정보 이용에 대한 법적 책임을 지지 않습니다.
어린이가 인터넷을 사용할 때에는 부모님께서 지켜보면서 지도해 주세요.

왜 지구를 구해야 할까요?

지구는 우리가 사는 집이에요. 그리고 우리가 아는 모든 생명체들의 집이기도 하지요. 하지만 몇 백 년 동안, 사람들의 활동으로 지구가 점점 더 병들고 있어요.

지구는 **대기**라고 하는 공기층에 싸여 있어요. 대기는 온실 지붕처럼 햇빛을 들여보내고 열을 가두어서 지구를 따뜻하게 유지해요.

하지만 지난 200년 동안, 사람들은 석탄, 기름, 가스 같은 **화석 연료**를 굉장히 많이 태웠어요. 집을 따뜻하게 하고, 전기를 만들고, 발전소를 돌리고, 자동차를 달리게 하기 위해서였지요.

화석 연료를 태우면 **이산화탄소(CO_2)와 메탄가스**가 뿜어져 나와요. 이런 가스를 **온실가스**라고 해요.

온실가스를 대기로 많이 내보낼수록, 더 많은 열이 대기에 갇혀요.

사람들은 이런 **온실 효과**가 지구에 어떤 영향을 끼치는지 수십 년 동안 알고 있었는데도 화석 연료를 계속 사용했어요. 그 결과, 지구는 점점 더 뜨거워지고 있어요. 사실, 너무 뜨거워져서 지구가 제 기능을 못 할 정도예요.

이런 현상을 과학자들은 **기후 위기**라고 불러요.

지구는 다양한 **생태계**로 이루어져 있어요. 생태계는 여러 생물 집단과 이 집단을 둘러싼 자연환경을 뜻해요. 생태계들은 서로 연결되어 있어요. 서로 영향을 받기 때문에 만약 기온이 올라가서 생태계의 어느 일부가 손상되면, 다른 생태계까지도 모두 영향을 받을 거예요.

극지방 동물들이 먹이를 찾기 위해 안간힘을 쓰고 있어요. 지구의 기온이 올라간다는 것은 바닷물이 얼어서 생긴 해빙이 녹고 있다는 뜻이에요.

바다의 수온이 높아지면서 산호초가 죽어 가요.

육지에서는 산불, 폭염, 가뭄, 홍수, 폭풍우가 자주 일어나요.

엎친 데 덮친 격으로, 사람들이 식량을 재배하고 도로를 만들기 위해 숲을 없애면서, 동물들의 보금자리가 파괴되고 있어요.

무엇보다 가장 큰 문제는, 사람들이 버린 쓰레기와 해로운 화학 물질로 자연계가 더럽혀지고 파괴되고 있어요.

그래서 지구를 구해야 해요. 하지만 어떻게 구할까요?

다음 장을 넘겨서 방법을 알아봐요.

지구를 구하기 위한 방법들

기후 위기와 지구에 닥친 여러 문제를 한 방에 해결할 수 있는 쉬운 방법은 없어요. 온갖 의견과 다양한 접근 방법, 가능한 모든 기술과 수단을 모두 동원해야 하지요. 하지만 누구나 다 할 수 있는 일이고, 모든 사람들이 해야 하는 일이에요.

지구를 구하기 위해서, 이런 일을 해야 해요.

이산화탄소 줄이기

지구의 열기를 식히거나, 적어도 지구가 더 뜨거워지는 걸 막기 위해 대기로 뿜어져 나가는 이산화탄소의 양을 과감히 줄여야 해요.

새로운 방식으로 에너지 생산하기

화석 연료를 태우면서 환경이 어마어마하게 오염되고 있어요. 반드시 청정 에너지원으로 싹 바꿔야 해요. 또한, 에너지 소비를 줄이는 방법을 찾는 것도 중요해요.

충분한 음식을 공급하기

세계 인구는 매시간 불어나고 있어요. 야생 지역을 모조리 경작지로 바꾸지 않고도 모든 사람들을 먹여 살릴 방법을 찾아야 해요.

깨끗이 청소하기

바다에 둥둥 떠다니는 플라스틱부터 수로와 대기를 오염시키는 화학 물질까지 해로운 쓰레기를 치워야 해요.

쓰레기 줄이기

망가진 물건은 고쳐 쓰고, 물건을 쉽게 버리지 말고 가능한 한 여러 번 사용하고, 재활용하도록 해요.

생태계 보호하기

개체 수가 급격히 줄어드는 종들과 보금자리를 보호하고, 훼손된 생태계를 회복시켜야 해요.

> 이 책에서는 지구를 구할 온갖 방법을 소개하고 있어요. 그중에는 우리가 일상생활에서 작은 변화를 주는 것만으로도 할 수 있는 방법이 있고, 세계가 함께해야 하는 대규모 임무도 있어요. 또 미래를 위한 새로운 아이디어도 담겨 있답니다.

1 지구에 사는 생명체는 대부분…

겨우 17개 나라에서 발견돼요.

세계에는 약 200개의 나라가 있어요. 하지만 그중에 겨우 17개 나라에서만 식물과 동물, 그 밖에 여러 생명체가 다양하게 존재하는 **생물 다양성**을 갖추고 있어요. 생물 자원이 많은 이 나라들을 **최고 생물 다양성 국가**라고 해요.

한 예로, **브라질**은 아마존 열대 우림에 **400만** 종의 생물을 보유한 것으로 추정돼요. 그중 몇몇 생물은 다음과 같아요.

- 브라질너트 나무
- 재규어
- 다람쥐원숭이
- 카카오나무
- 헬리코니아
- 덩굴 식물
- 독화살개구리
- 바리고나 야자나무
- 카이만
- 피라냐
- 교살자 무화과
- 벌새

최고 생물 다양성 국가 17개국의 영토는 전 세계 육지의 **10퍼센트**보다 적지만…

…생물 다양성의 **70퍼센트** 이상을 보유하고 있어요.

2 집도 청바지를 입어요…

따뜻하게 유지하기 위해서요.

집을 난방하는 데는 에너지가 많이 들어요. 그런데 집에서 빠져나가는 열이 꽤 많아요. 이런 열을 집 안에 붙잡아 두는 것도 에너지를 절약하는 하나의 방법이에요. 이때 청바지가 유용하게 쓰여요.

집은 열을 유지하기 위해서 **단열재**를 덧대기도 해요.

많이 쓰이는 단열재로, 유리를 녹여서 만든 '글라스울'이 있어요. 하지만 만드는 과정에서 에너지가 많이 쓰여요.

양털이나 재활용된 청바지 같은 천연 재료로 단열재를 만들면 에너지가 덜 들어가요.

이렇게 집에 청바지를 입히는 거예요?

아니요! 낡은 청바지를 잘게 찢어서 널빤지처럼 압축해요.

그런 다음, 벽과 바닥과 지붕 속에 넣어요.

3 미세한 악당들을 그만 만들어야 해요…

악당 수가 이미 엄청나게 많다고요!

어떤 문제는 너무 심각한데, 크기가 너무 작아서 바로잡기가 어려워요. 사람들은 **미세플라스틱**을 수십조 개나 버려 왔어요. 미세플라스틱은 아주 작은 플라스틱 쓰레기예요. 우리는 미세플라스틱을 전부 없애지 못할 거예요. 하지만 문젯거리를 더 보태지 않을 수는 있어요.

미세플라스틱은 크기가 **5밀리미터**보다 작은 조각이에요. 어떤 미세플라스틱은 현미경으로 봐야 할 만큼 작디작아요.

바보 같은 인간! 너희가 우리를 만들었지만, 없애지는 못할걸!

미세플라스틱은 몇 백 년이 지나도 썩지 않고, 환경에 나쁜 화학 물질을 내보내요. 동물이 미세플라스틱을 삼키면, 몸에 해로울 뿐만 아니라 목숨을 잃기도 해요.

미세플라스틱 대장

어디에서든 미세플라스틱을 발견할 수 있어요. 바닷속 가장 깊은 협곡부터, 누구도 올라가지 못한 산꼭대기까지, 심지어 우리가 마시는 물에서도요.

미세플라스틱은 플라스틱 쓰레기가 시간이 흐를수록 작게 부서지면서 생겨나요.

따라서 미세플라스틱이 생기지 않게 하는 한 가지 좋은 방법은, 빨대, 물병, 비닐봉지처럼 우리가 쓰고 휙 버리는 일회용 플라스틱의 양을 줄이는 거예요.

4 사과 껍질을 짓이겨서…

신발을 만들 수 있어요.

신발은 대개 질기고 신축성이 좋은 가죽으로 만들어요. 하지만 동물 가죽을 벗겨서 제품에 쓸 가죽 소재로 만드는 과정에서 화학 물질이 많이 쓰여요. 이런 화학 물질은 공기와 물을 오염시키지요. 그래서 일부 기업들은 가죽을 대신할 친환경 대체품을 만들고 있어요.

대안 1: 사과 사용하기

사과 주스를 만들고 남은 사과심과 껍질을 짓이겨서 가죽과 비슷한 재료로 만들어요.

대안 2: 파인애플 잎 사용하기

보통 파인애플을 수확하면 잎은 버려져요. 하지만 파인애플 잎을 가공해서 가죽 대신 쓸 수 있어요.

대안 3: 코르크나무 껍질 사용하기

코르크나무에서 벗겨 낸 껍질로 가죽과 비슷한 소재를 만들 수 있어요.

대안 4: 가죽 기르기

과학자는 **콜라겐 단백질**이라는 물질을 실험실에서 기를 수 있어요. 콜라겐 단백질을 여러 가닥으로 만들어서, 서로 엮으면 가죽 같은 직물이 만들어져요.

대안 5: 안전하게 가공하기

독성 있는 화학 물질 대신 루바브(젤리나 잼을 만드는 식물)를 사용하면, 훨씬 덜 해롭게 소의 가죽을 가죽 소재로 바꿀 수 있어요.

6 슬쩍 찔러 주면…

큰 변화가 찾아와요.

지구를 구하는 방법 중 하나는 가장 간단하면서, 또 가장 어려워요. 바로 사람들의 습관을 바꾸는 거예요. 예를 들어, 사람들에게 매번 상점에서 봉지를 받지 말고, 쇼핑백을 재활용하라고 설득하려면 어떻게 해야 할까요? 바로, 옆에서 슬쩍 찔러 특정 방향으로 가도록 밀어주는 거예요. 이것을 영어로 **넛지**라고 해요.

최근 몇 년 동안, 많은 나라에서 슈퍼마켓에서 비닐봉지 값을 받게 하는 법을 통과시켰어요. 가격은 얼마 안 되어도, 영향력은 어마어마했어요.

비닐봉지 값을 받기 전인 2015년, 영국에서는 쇼핑객들이 보통 일 년에 **비닐봉지를 140장**을 썼어요.

쿡쿡   쿡쿡

7 무엇으로 만들었는지보다…

얼마나 자주 사용하는지가 더 중요해요.

비닐봉지 사용량을 서서히 줄인 것이 지구를 조금은 구한 것처럼 보이기도 해요. 하지만 플라스틱 가방도 좋은 점이 있어요. 어떤 종류의 가방이 지구에 가장 좋을지 선택할 때, 생각해 볼 점이 많아요.

얼마나 자주 재사용할 수 있는 가방인가요?

한 번     200번 이상

가방을 만드는 데 에너지가 얼마나 많이 들어가나요?

굉장히 많이     전혀

가방이 썩기까지 얼마나 걸릴까요?

수십 년      몇 주

경제학자는 강제로 지시하기보다는, 팔꿈치로 슬쩍 찌르듯이 부드럽게 개입하여 사람들의 행동을 자연스럽게 변화시킬 수 있다는 생각을 **넛지 이론**이라고 불러요. 지구를 해치는 사람들의 다양한 습관을 고치기 위해, 세계 여러 정부에서 '넛지'를 다양하게 사용하고 있어요.

8 말똥 대위기가 해결되자…

다른 위기가 찾아왔어요.

수세기 동안, 말은 사람들에게 주된 교통수단이었어요. 그런데 말은 가는 곳마다 말똥을 남겼어요. 크고, 냄새나는 똥 더미가 길에 수북이 쌓여 있었어요. 그래서 1800년대 후반에 말똥 대위기가 찾아왔어요.

미국 뉴욕에는 날마다 10만 마리가 넘는 말이 다녔어요. 말똥도 많이 생겨났지요.

말똥이 길에 층층이 쌓이자 파리가 꼬이고, 파리가 사람에게 질병을 퍼뜨리기도 했어요.

하루치 말똥 무게는 대왕고래 약 11마리의 무게와 맞먹었어요.

아, 이런! 이러다 장티푸스에 걸리겠어!

세계 다른 도시에서도 말똥이 쌓이기는 마찬가지였어요. 하지만 누구도 대처 방법을 몰랐어요.

1800년대 말
말이 뉴욕 거리를 장악했어요.

1884년
지도자들은 해결 방법을 찾기 위해 국제회의를 열었지만, 해결책을 찾지 못했어요. 말똥 위기는 최고조에 달했어요.

1900년대 초, 마침내 해결책이 나타났어요.
말똥을 내보내지 않는 새로운 교통수단,
즉 **자동차**를 값싸게 만들고 살 수 있게 되었어요.

문제점 : 자동차는 대부분 화석 연료를 태워서 달려요. 자동차는 온실가스를 뿜어내어 **기후 위기**를 불러왔어요.

오늘날에는 자동차, 배, 기차, 비행기의
배기가스가 온실가스의 **14퍼센트**를 차지해요.
과학자, 정부, 기업은 배기가스를
줄이기 위해 애쓰고 있어요.

태양열 자동차 같은 혁신 기술로,
배기가스는 줄어들 거예요.
하지만 진정한 해결책은 사람들이 여행에 대해
여행 수단뿐만 아니라 여행 횟수까지
다시 생각하는 거예요.

1912년
뉴욕에서 처음으로
자동차 수가 말 수를
앞질렀어요.

1917년
도시를 달리던 말이 끄는
전차가 운행을 멈췄어요.

오늘날 그리고 미래
사람들의 여행에 대한
생각이 바뀌어야 할 거예요.

9 동물을 사람처럼 대하면…

멸종을 막을 수 있어요.

사람이 야생 지역을 파괴하면 할수록 동물들은 보금자리를 잃어요.
심지어 멸종 위기에 처하기도 하지요. 만약 법으로 동물의 보금자리가 있는 땅을
동물이 소유하게 해 준다면 어떨까요?

현재 야생 지역은 모두 사람의 소유로 여겨지고 있어요. 하지만 일부 환경 운동가들은 동물들에게도 자신이 살아가는 땅을 소유할 법적 권리인 **재산권**이 주어져야 한다고 생각해요.

이곳에 건물을 지으려면 우리 허락을 받아야 해.

우리 땅에서 나가!

저리 가!

동물에게 재산권이 생기면, 동물의 이익을 고려하지 않고
야생 지역에 건물을 짓는 건 불법이 될 거예요.
동물의 이익은 사람이 **후견인**이 되어 동물을 대표하여 보호해 줄 수 있지요.
어린이나 환자처럼, 스스로 싸울 수 없는 사람을 대신하여
법적 보호자가 나서서 싸워 주는 것과 비슷한 방식이에요.

실제로 이런 생각은 자연 보호 구역이나 국립 공원으로 땅을 보호하는 방식과 비슷하게 실행될 수 있어요. 결국, 사람이 지구의 유일한 소유자가 아님을 깨닫게 하기 위해서지요. 사람들의 태도를 바꾸기 위해 법을 바꿔야 할지도 몰라요.

10 황거누이강은...

법적으로 사람이에요.

뉴질랜드에서 황거누이강과 테 우레웨라 숲은 둘 다 **인격체**예요. 법이 황거누이강과 테 우레웨라 숲을 사람으로 여긴다는 뜻이에요.

뉴질랜드의 자연은 세계 최초로 사람과 동등한 지위를 갖는 방식으로 보호받아요.

이곳에는 어떤 건축물도 지을 수 없고, 환경을 바꿀 수도 없어요. 이 환경에는 마오리족의 조상부터 이어져 온 깊은 정신적 유대감이 모두 보존되어 있어요.

11 흡혈귀를 죽이는 쉬운 방법은…

스위치를 딸깍 끄는 거예요.

전자 기기를 사용하지 않을 때도 소모되는 대기 전력을 **전기 흡혈귀**라고 해요.
대기 중인 노트북부터 아무것도 충전하지 않는 충전기까지,
우리 주변에는 온통 전기 흡혈귀투성이에요.

텔레비전, 컴퓨터, 게임기,
디지털시계가 장착된 기기 등 전기 흡혈귀는
대기 전력을 끊임없이 게걸스레 먹어 치워요.

대기 전력은 가정에서 쓰는
전기 사용량의 **10퍼센트 이상**을
차지하기도 해요.

다행히, 전자 기기를 사용하지 않을 때 스위치를 끄거나
플러그를 뽑기만 하면 대기 전력을 아낄 수 있어요.

12 라이언피시 튀김을 먹으면…

카리브해의 동물들을 지킬 수 있어요.

라이언피시(솔배감펭)는 암초 지역에 사는 물고기예요. 원래 인도양과 태평양에서 사는데, 어마어마하게 많은 수가 카리브해까지 침범해 와서 토종 동물들을 몰아내고 있어요. 한 가지 대응 방법은 라이언피시 요리를 음식 메뉴에 넣는 거예요.

라이언피시는 맨 처음에 사람이 카리브해로 들여왔는데, 지금은 환경을 많이 훼손시키는 **침입종**이 되었어요.

라이언피시는 번식도 빠르고, 공격적인 사냥꾼이에요. 카리브해 해역에서 살아가는 생물들을 잡아먹거나 몰아내요.

다행히, 라이언피시는 맛이 좋아요. 그래서 일부 과학자는 라이언피시를 잡아서 요리로 만들도록 사람들에게 권하고 있어요.

꺄아아악! 구해 주세요!

침략자를 튀김, 스튜, 패티로 만들어 먹으면 라이언피시 수를 줄이는 데 도움이 되고, 야생에서 깨지기 쉬운 생물 균형을 유지할 수 있어요.

13 워킹 스쿨버스가…

학교 주변의 공기를 좋게 해 줘요.

많은 어린이가 차를 타고 학교에 가요. 차를 타면 이산화탄소가 배출되고, 학교 주변의 공기가 오염돼요. 그래서 자원봉사자들이 아이들과 함께 학교까지 걸어가는데, 이를 **워킹 스쿨버스**라고 해요.

이 생각은 일본에서 시작되어 전 세계로 퍼졌어요.

아이들이 짝을 지어 걸어가고, 어른들이 중간에서 안전을 확인해요.

워킹 스쿨버스 정류장에서 다른 워킹 스쿨버스와 만날 수 있어요.

워킹 스쿨버스는 매일 아침 도로에 자동차 30대를 줄이는 효과를 내요.

정류장 표지판에는 버스가 오는 시각도 적혀 있어요.

차를 타지 않고, 학교에 걸어 다니는 아이들이 많아질수록 학교 주변의 공기는 더 좋아져요.

14 숲을 지키는 것이…

바다를 지키는 방법이에요.

숲도 생물과 환경이 어우러진 공동체, 즉 하나의 **생태계**예요.
한쪽 생태계를 보호하면, 가까이 있는 다른 생태계도 좋아져요.

다음 예는 여러 생태계가 서로 어떻게 연관되는지를 보여 줘요. 이렇게 상호 작용하는 생태계를 모두 합하여 **생물권**이라고 해요.

오늘날 유엔(UN) 같은 국제기구는 생물권을 **자연 보호 구역**으로 지정하는 일을 최우선으로 삼고 있어요.

15 벽이 흰색일수록...

더욱 '친환경' 건물이 돼요.

수천 년 동안, 더운 곳에서는 따뜻한 햇볕을 반사하기 위해 건물을 흰색으로 칠해 왔어요. 이런 전통적인 기술이 오늘날에는 에어컨 사용을 줄이기 위해 한층 폭넓게 쓰여요. 이런 운동을 **쿨루핑**이라고 해요.

에어컨은 에너지를 굉장히 많이 사용해요. 또한 **수소화불화탄소**라는 화학 물질을 대기 중으로 내보내는데, 특히 해로운 온실가스예요.

건물을 흰색으로 칠하면 내부 온도를 5도나 낮출 수 있어요.

이 온도라면 에어컨 사용량을 40퍼센트까지 충분히 줄일 수 있지요.

16 버섯과 아스클레피아스로…

유출된 기름을 닦을 수 있어요.

배나 석유 파이프, 석유 굴착 장치에서 새어 나온 기름은 바다를 오염시키고 동물에게 해를 끼쳐요. 그래서 기름을 제대로 닦아 내는 게 중요해요. 이때 버섯과 '아스클레피아스'라는 식물이 한몫을 해요.

일반적으로는 **분산제**라는 화학 물질을 써서, 기름을 더 작은 방울로 분해해요. 하지만 분산제에는 독성이 있어서 야생 생물이 죽을 수도 있어요.

부서진 석유 굴착 장치

연구자들은 느타리버섯이 무독성 해결책이 될 수 있을 거라고 생각해요. 느타리버섯은 **엔자임**이라는 물질을 내보내는데, 주위 생물에 해를 끼치지 않고 기름을 분해하고 흩어지게 해요.

또 다른 가능성은 아스클레피아스로 바다 표면에서 기름을 흡수하는 거예요.

아스클레피아스 씨앗에는 굉장히 가늘고 속이 빈 털이 나 있는데, 이 털이 마치 빨대처럼 기름을 빨아들이는 역할을 해요.

실험해 보니, 아스클레피아스 털로 채운 커다란 양말은 현재 유출된 기름을 흡수하는 데 사용하는 플라스틱 도구보다 두 배 더 빠르게 기름을 흡수했어요.

17 털실로 짠 스웨터가…

유출된 기름으로부터 펭귄을 보호해요.

오스트레일리아의 필립섬에서 연구하는 과학자들은 그곳에 집단 거주하는 쇠푸른펭귄을 유출된 기름으로부터 보호하는 특이한 방법을 찾았어요.
펭귄은 기름 오염에 몹시 취약하거든요. 과학자들은 뜨개질을 시작했지요.

배와 석유 파이프에서 새어 나온 기름은
펭귄 깃털에도 들러붙어요.
펭귄이 그 깃털을 핥는 순간,
독성 때문에 죽어요.

기름이 많이 새어 나온 경우,
펭귄에게 뜨개질한 스웨터를 입혀요.
털실이 기름을 머금어서,
펭귄의 깃털에 기름이
스며들지 않게 해 주지요.

스웨터는 빨 수 있고, 펭귄은 병원에서 목욕을 해요.
바다에 유출된 기름이 모두 없어지면,
펭귄은 깨끗한 바다로 안전하게 돌아가지요.

18 곧 '게임 오버'가 될 거예요…

화석 연료 사용을 멈추지 않으면요.

화석 연료는 아주 오랫동안 땅속에 묻힌 생물이 높은 열과 압력을 받아 만들어진 물질이에요.
화석 연료를 태우면 에너지를 내지만, 이산화탄소도 같이 배출해요. 기후 과학자들은
지구 대기가 처리할 수 있는 이산화탄소의 양이 그 한계에 빠르게 다가가고 있다고 경고해요.

가장 흔한 화석 연료는 석탄, 기름, 천연가스예요.

화석 연료가 불에 타면 이산화탄소를 내보내요. 그중에서 석탄은 천연가스보다 이산화탄소를 두 배나 내보내지요. 다음은 이산화탄소 배출량을 비교한 그림이에요.

석탄
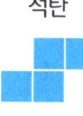

기름

천연가스

바둑판 모양이 대기이고, 이산화탄소로 서서히 채워지고 있다고 상상해 봐요. 이산화탄소가 점선까지 닿으면 지구가 너무 뜨거워져서 생물들은 살아남지 못해요. 다시 말해…

…게임 오버지요.

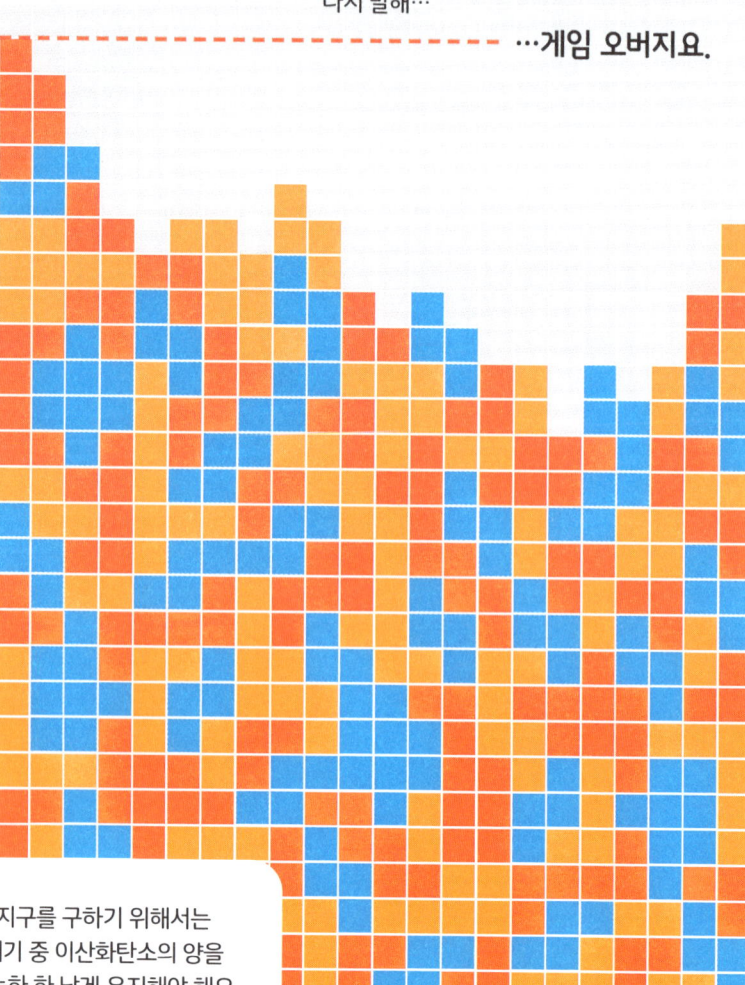

지구를 구하기 위해서는 대기 중 이산화탄소의 양을 가능한 한 낮게 유지해야 해요.

석탄을 가스로 바꿔 사용하면 게임을 좀 더 이어 갈 수 있어요. 하지만 게임에서 이기기 위해서는 화석 연료를 전혀 태우지 않아야 해요.

19 광선과 공기 바람으로…

플라스틱을 골라내요.

폐플라스틱을 재활용하여 새 물건을 만들면 버려지는 양이 줄어들어요. 하지만 플라스틱에도 굉장히 다양한 종류가 있어요. 그래서 재활용하기 전에 꼭 분류해야 해요.

이 기계는 **페트(PET, 폴리에틸렌 테레프탈레이트)**라는 플라스틱을 골라내요.

페트로 만든 물병(페트병)

센서가 페트병에서 반사된 빛을 감지하면 공기 바람을 훅 내보내요.

광선

컨베이어 벨트

세제 통도 HDPE로 만들어졌어요.

우유병은 또 다른 플라스틱 종류인 HDPE(고밀도 폴리에틸렌)로 만들어졌어요.

다른 플라스틱 종류는 센서가 감지하지 못해서, 더 아래쪽 기계의 컨베이어 벨트로 분류돼요.

페트병이 통 속으로 쏙 들어가요.

검은색 물질에서는 분류 기계의 광선이 반사되지 않기 때문에 검은색 플라스틱은 걸러지지 않아요.

도시락 용기나 식판 등은 검은색 플라스틱으로 만들어요.

검은색 플라스틱은 재활용하기가 몹시 어렵기 때문에 사용 금지를 바라는 사람도 있어요.

20 상상 속 울타리가…

실제 장소를 보호해요.

정부와 국제기구는 광활한 땅과 바다를 보호하기 위해 법을 만들어요.
이런 지역에서는 눈에 보이는 가장자리나 경계가 없어도,
야생 동물이 피해를 입지 않도록 보호할 수 있어요.

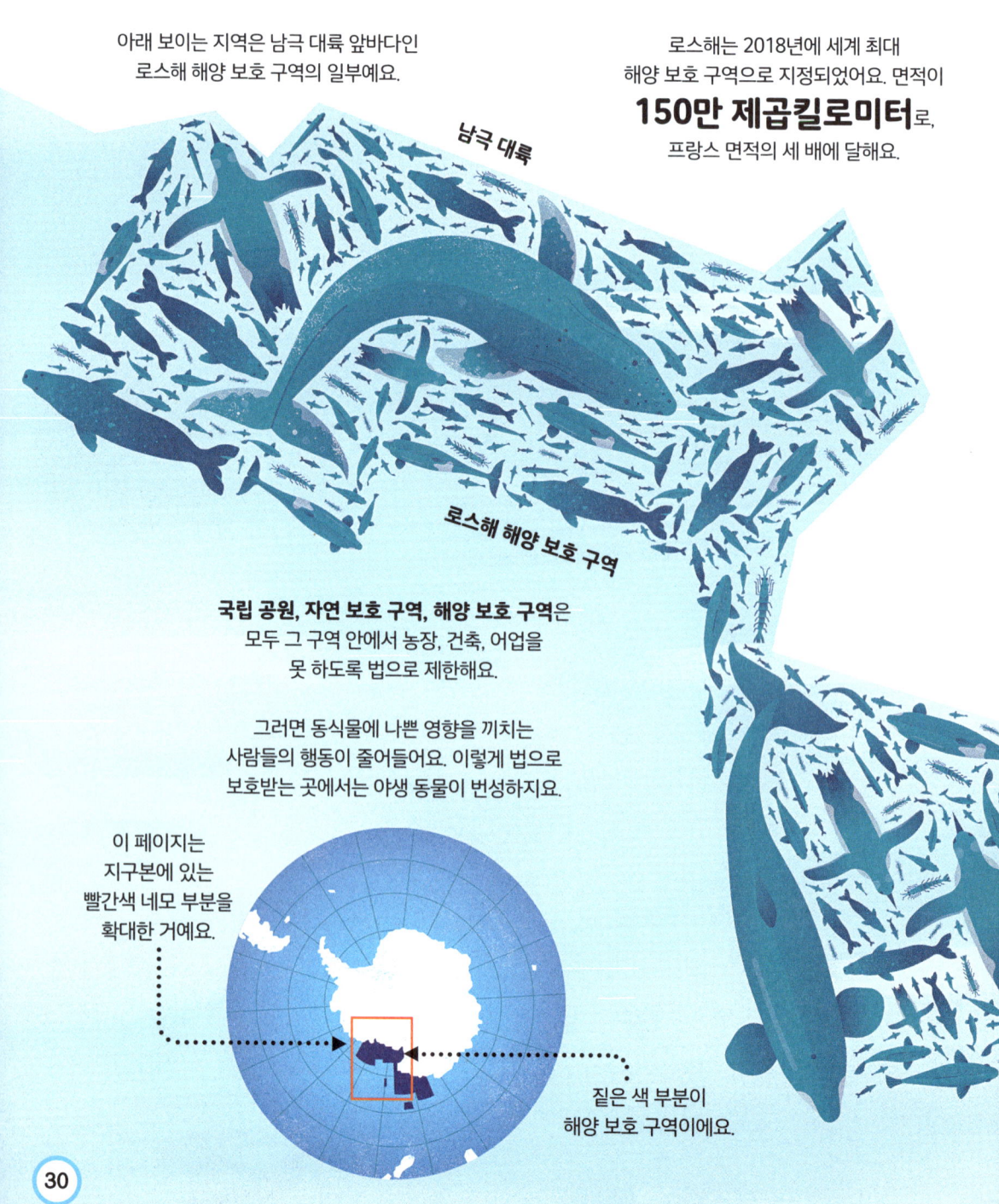

아래 보이는 지역은 남극 대륙 앞바다인
로스해 해양 보호 구역의 일부예요.

로스해는 2018년에 세계 최대
해양 보호 구역으로 지정되었어요. 면적이
150만 제곱킬로미터로,
프랑스 면적의 세 배에 달해요.

남극 대륙

로스해 해양 보호 구역

국립 공원, 자연 보호 구역, 해양 보호 구역은
모두 그 구역 안에서 농장, 건축, 어업을
못 하도록 법으로 제한해요.

그러면 동식물에 나쁜 영향을 끼치는
사람들의 행동이 줄어들어요. 이렇게 법으로
보호받는 곳에서는 야생 동물이 번성하지요.

이 페이지는
지구본에 있는
빨간색 네모 부분을
확대한 거예요.

짙은 색 부분이
해양 보호 구역이에요.

21 전쟁, 재난, 유독성 폐기물 덕분에…

우연히 자연 보호 구역이 생겨나요.

로키마운틴 아스널 국립 야생 동물 보호 구역
(미국, 콜로라도)

1942년: 덴버 지역에서 가까운 초원에 대형 화학 무기 공장이 세워졌어요. 이 지역은 수십 년 동안 치명적인 화학 물질과 유독성 폐기물에 오염되어 누구도 살 수 없었어요.

오늘날: 사람이 살기에는 여전히 위험하지만, 야생 동물 보호 구역으로 지정되어 바이슨(들소), 사슴, 흰머리수리의 보금자리가 되었어요.

한반도 비무장 지대
(대한민국과 북한 사이에 위치)

1953년: 한국 전쟁을 끝내기 위해, 너비 4킬로미터에 이르는 국경 지대가 생겨났어요. 오늘날까지도, 경비가 삼엄한 이 지역에는 사람들이 다닐 수 없어요.

오늘날: 희귀한 두루미, 아시아흑곰을 비롯한 여러 동물이 참호와 철조망, 위험한 지뢰 사이에 보금자리를 만들었어요.

체르노빌 출입 금지 구역
(우크라이나)

1986년: 원자력 발전소 폭발 사고로, 방사능이 엄청나게 많이 방출되었어요. 주변 도시와 마을에서 10만 명이 넘는 사람들이 대피했는데, 아직까지도 돌아가지 못했어요.

오늘날: 동물이 번성하고 숲이 생겼어요. 멸종 위기에 처한 말, 흑곰, 늑대 무리가 버려진 마을을 돌아다녀요.

세 사건은 모두 사람들에게는 재앙이었어요. 이곳 환경은 아직도 사람들에게 위험한 상태지만, 자연이 사람들로부터 떨어져 보호받을 때 어떻게 회복하고 번성할 수 있는지를 보여 줘요.

22 부지런히 일하는 지렁이를…

농부는 소중히 대해야 해요.

흙은 가만히 있는 듯이 보이지만, 사실 지렁이 덕분에 건강하고 생동감 넘치는 생태계예요. 하지만 화학 물질을 뿌리고 경운기로 흙을 갈아엎으면, 지렁이가 일을 못 하게 돼요.

23 빨간색 불빛은…

새끼 거북이 달을 볼 수 있게 도와요.

새끼 거북은 밤에 바닷가에서 알을 깨고 나와 바다를 찾기 위해 본능적으로 가장 밝은 빛을 쫓아가요. 수백만 년 동안, 밤에 가장 밝은 빛은 달빛이었어요. 하지만 오늘날에는 다른 빛들이 더 밝아요.

거북은 바닷가 뒤쪽에 있는 상점과 술집의 간판이나 거리의 환한 빛을 따라가요. 그러다 결국 차에 치여 죽거나 길을 잃게 돼요.

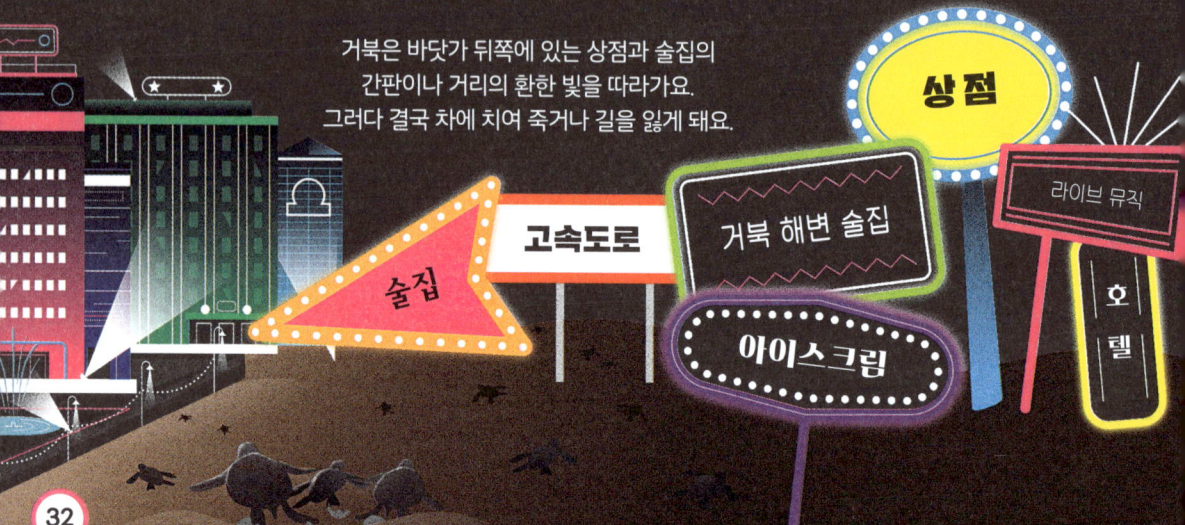

작물을
수확한 뒤에
식물 줄기는
놔둬라.
우리의 밥이다.

흙을 일년 내내
식물로 덮어 둬라.

밭갈이
반대!

우리는 흙을 깊이 파고
들어가는 지렁이예요.
흙을 골고루 섞어 줘요.

우리가
너희를 위해
흙을 섞는다!

우리가 흙을 파고드는
덕분에 식물 뿌리가
자랄 공간이 생겨요.
또, 흙 속으로 공기와
물이 흐르도록
돕는다고요.

농부들이 경운기 사용을 멈추고,
화학 물질을 뿌리지 않고, 흙에 식물을 덮어 두면,
지렁이는 토양을 건강하게 유지하는 일을 계속할 수 있어요.

24시간 약국

술집

스파

호텔

전 세계 보호 단체들은 거북의 부화 기간에
바닷가를 어둡게 유지하도록 돕고 있어요.
새끼 거북이 다른 불빛에 방해를 받아
달빛을 놓치지 않도록 조명을 끄거나,
거북 친화적인 빨간색 불빛으로 바꾸어요.

24 나무를 베면…

탄소를 줄일 수도 있어요.

나무는 잎으로 이산화탄소를 흡수해요. 과학자들은 나무를 심으면 대기 중 이산화탄소가 줄어들어서 지구를 구하는 데 도움이 된다는 의견에 동의해요. 그런데 이상하게 들릴 수 있지만, 나무를 베어도 도움이 될 수 있어요.

나무는 과학자들이 **빠른 성장 단계**라고 부르는 기간 동안 이산화탄소를 흡수해요. 이 탄소는 줄기, 가지, 잎에 저장돼요.

나무가 다 자라면, 나무는 이산화탄소를 훨씬 덜 흡수해요. 그렇다면 나무가 다 자란 상태로 내버려 두기보다는, 나무를 베고 새 나무를 심는 게 더 나을지도 몰라요.

베어 낸 나무를 건축 재료로 쓰거나, 플라스틱으로 만들 제품을 나무로 만들 수도 있겠지요.

25 가장 오래된 서프보드가...

여전히 최고의 친환경 서프보드예요.

수세기 동안 서프보드는 나무를 깎아서 만들었어요. 플라스틱 폼과 합성수지 같은 새로운 재료가 나오면서 서프보드는 더 튼튼하고 가벼워졌어요. 하지만 오늘날에는 나무로 만든 서프보드가 다시 유행하고 있어요.

20세기 이전
대부분 하와이에서 '알라이아'라고 알려진 단단한 나무 보드를 탔어요. 이것이 널리 알려져 서핑이 되었지요.

20세기
플라스틱 폼코어 같은 인공 재료에 방수가 되도록 인공 합성수지를 입혀 만든 보드를 이용해요.

이런 보드는 버려지면 분해되는 데 몇 세기가 걸려요.

21세기
친환경적인 보드를 찾던 서퍼들이 알라이아를 재발견했어요.

나무판자로 만든 보드에, 소금물로부터 나무를 보호하기 위해 씨앗 오일을 발라요. 버려지면 빨리 썩지요.

단지 스포츠용품에만 해당하는 이야기가 아니에요. 사람들은 칫솔, 티셔츠, 포장재처럼 일상용품도 사용 후에 안전하고 자연적으로 분해되는 **생분해성** 제품을 선택하여 지구에 끼치는 영향을 줄이고 있어요.

26 소 전용 마스크가…

트림을 깨끗하게 해 줘요.

소는 풀, 옥수수, 콩 등을 먹고, 소화할 때 트림으로 **메탄**이라는 온실가스를 내보내요.
소가 내보내는 메탄가스가 심각한 문제가 되자, 과학자들은 소의 트림을 덜 해롭게 만들기 위해 마스크와 보조 사료를 개발하고 있어요.

세계에는 소가 10억 마리나 있어요. 그래서 우리가 트림할 때 나오는 메탄가스 때문에 지구가 상당히 뜨거워지고 있지요.

있잖아요, 그렇게 반짝이는 마스크 말고 이런 마스크를 써야 해요.
이 마스크는 트림할 때 나오는 메탄을 **이산화탄소**와 **물**로 바꿔 주거든요.

이산화탄소도 온실가스지만, 메탄가스보다는 열을 덜 가두어서 덜 해로워요.

27 실험실에서 키운 산호초가…

죽어 가는 산호초를 구할 수 있어요.

문제 : 세계 산호초가 해양 오염, 수온 상승, 질병 때문에 죽어가요. **모든 바다 생물의 25퍼센트**가 산호초를 보금자리로 삼기 때문에 산호초의 죽음은 대재앙이 될 수 있어요.

가설 : 실험실에서 키운 산호초가 하나의 해결 방법이 될지도 몰라요. 수온이 올라간 바닷물에서도 살아남을 수 있는 산호초를 만들어서요.

실험 : 종류가 다른 산호 둘 이상을 번식시켜 **혼합종**을 만들어요.

방법 : 산호를 커다란 수조에 키워요. 다양한 바다 환경과 비슷하게 물의 조건을 조절할 수 있어요.

수조 : 8개   **그룹** : 3   **수온** : 31℃

유형1 : 테이블산호
(아크로포라 테뉴이즈)

유형2 : 사슴뿔산호
(아크로포라 로리프)

유형3 : 혼합종 산호

결과 : 많은 혼합종 산호가 높은 수온에서 훨씬 더 강한 회복력을 보여 주었어요.

결론 : 3개월 뒤, 생존 가능성을 훨씬 높인 혼합종 산호를 야생으로 보내요.

28 우주 공간조차…

청소가 필요해요.

사람이 탐험하는 곳은 어디든 뒤에 놓고 오는 물건이 생겨요.
우주 비행사가 달에 버린 쓰레기부터 화성을 탐사하는 로봇까지요.

화성에는
망가져서 제자리에
가만히 앉아 있는 기계가
적어도 **12**대가 있어요.

날 좀
내버려 둬!

뒷정리 좀
잘하고 다녀,
지구인들아!

달에는
쓰고 버린 물티슈부터
버려진 차량까지,
750개가 넘는
물건이 남아 있어요.
쓰레기 수거 트럭 열 대에
가득 실을 정도예요.

지구 궤도에는
낡은 위성부터 우주선에서 빠져나온 볼트까지
1억 2,800만개가 넘는
잡동사니가 있어요.

내 기분이 어떨 것 같아?!
로켓이 우주로 슝 날아갈 때마다
다 쓴 부품은 궤도에 버려진다고.
인간은 오염 수위를
한 단계 더 높이고 있어.

유럽 우주국은 최근
지구 궤도에서 우주 쓰레기를
제거하는 시스템을 마련하기 위해
온 힘을 기울이고 있어요.

운행 중인 우주선이 쓰레기와
부딪혀 망가지는 일을 막고,
지구 환경도 보호하기 위해서지요.

29 더 많은 고래 똥이…

지구를 식혀 줄 거예요.

고래는 물속 깊은 곳에서 오징어나 크릴새우 같은 동물을 잡아먹어요. 하지만 똥을 쌀 때는 꼭 해수면으로 올라와요. 이것은 지구에게 아주 좋은 일이에요.

해수면에는 **철분, 인, 질소** 같은 영양분이 부족할 수 있어요.

영양분이 가득한 고래 똥

그런데 고래 똥에는 이런 영양분이 가득해요. 고래 똥은 해수면에서 물결을 따라 퍼지며, 작은 생물인 **식물성 플랑크톤** 수백만 마리의 먹이가 돼요.

식물성 플랑크톤은 대기에서 이산화탄소를 빨아들이고, 자라면서 탄소를 저장해요.

사실, 전 세계 바다에 있는 식물성 플랑크톤은 **나무 1조 7,000억 그루**가 저장하는 양만큼 탄소를 저장해요. 대략 아마존 열대 우림의 네 배나 되는 양이에요.

만약 바다에서 고래가 안전하게 살아간다면, 고래의 수는 더 늘어날 거예요. 고래 똥도 더 많아질 테고요. 식물성 플랑크톤 수가 늘어난다는 건 대기 중에 탄소는 줄어들고, 지구 온도가 내려간다는 뜻이에요.

30 살아 있는 고래의 값어치는...

200만 달러와 맞먹어요.

돈은 강력한 힘을 가지고 있어요. 돈이 많이 걸려 있는 문제라면, 단체와 정부가 행동에 나설 거예요.

그래서 어느 경제학자 팀이 고래가 얼마나 값어치가 있는지 모두가 깨달아서 사람들이 멸종 위기에 처한 고래를 보호하기 위해 더 대책을 세우기를 희망하며 살아 있는 고래의 값어치를 계산해 봤어요.

고래가 우리를 위해 해 주는 일:

- 해수면에 똥을 싸서 탄소를 줄인다.
- 다른 물고기의 주요 먹이인 식물성 플랑크톤의 성장을 도와서, 물고기 수를 늘린다.
- 고래 전문가들 꼼꼼하여 관광업을 활성시킨다.

고래 한 마리당 값어치 : **200만 달러**

고래가 하는 일의 총 값어치 : **1조 달러**

▸ **향유고래**
(오징어 가득)

◂ **오징어** (영양소 가득)

고래는 바다의 위아래로 움직이며, 바다 깊은 곳에서 해수면까지 영양분을 날라요. 이런 수직 운동을 **고래 펌프**라고 불러요. "묶여 운동을 고래 펌프라고 불러요."

31 농장 로봇이…

화학적 오염을 줄일 수 있어요.

많은 농부가 잡초를 제거하려고 밭에 화학 물질인 **제초제**를 뿌려요. 문제는 제초제가 야생 동물도 죽이고, 강과 토양을 오염시켜요. 그래서 스위스 발명가들은 잡초를 정확히 골라내어 제초제 사용량을 90퍼센트까지 줄이는 로봇을 발명했어요.

로봇이 지나가면서 땅으로 향한 카메라가 사진을 찍어 식물들을 식별해요.

로봇은 각각의 사진을 식물 자료와 비교하여, 어떤 식물이 잡초인지 결정해요.

내장된 태양열 전지판으로 전기를 얻어 움직여요.

로봇 팔이 움직여 잡초에만 제초제를 아주 적은 양을 뿌려요.

이와 비슷하게, 제초제를 쓰지 않고 잡초를 정확히 잡아 칼날로 베어 내는 로봇도 만들어지고 있어요.

야생 동물을 위해서 해롭지 않은 잡초는 남겨 두도록 프로그램을 설정할 수도 있어요.

32 흰머리수리가 목숨을 구했어요…

획기적인 책 한 권 덕분에요.

1890년대에서 1950년대까지, 미국에서는 이상하게도 흰머리수리의 수가 10만 마리에서 800마리로 뚝 떨어졌어요. 1962년에 생물학자이자 작가인 **레이첼 카슨**이 쓴 책에서 그 이유가 밝혀졌어요. 원인은 **디디티(DDT)**라고 하는 화학 살충제였어요.

레이첼 카슨은 『침묵의 봄』에서 디디티가 어떻게 해충뿐만 아니라 다른 야생 동물까지 죽이는지 밝혔어요.

디디티는 강물로 쓸려 들어가 식물과 물고기를 오염시켰어요. 흰머리수리가 물고기를 먹으면서, 몸속에 디디티가 점점 쌓였어요.

디디티 때문에 흰머리수리는 건강한 알을 낳을 수 없었어요. 새끼들은 살아남지 못했고, 흰머리수리의 수는 줄어들었어요.

『침묵의 봄』은 베스트셀러가 됐어요. 정치인을 비롯하여 수십만 명이 이 책을 읽었어요.

다른 과학자들이 레이첼 카슨을 지지하며 나섰고, 환경 운동가들은 디디티 사용 금지를 요구했어요.

1972년, 디디티는 미국에서 사용이 금지되었어요. 2007년 무렵, 1만 8,000마리가 넘는 흰머리수리와 새들이 위험한 상태에서 벗어났다고 공식적으로 발표되었어요.

33 무심코 흘려보낸 기름이…

괴물을 만들어 냈어요.

2017년 9월, 영국 런던의 화이트채플 지역에서 기름과 쓰레기가 뭉쳐진 거대한 덩어리가 발견되었어요. 이것을 영어로 기름을 뜻하는 '팻'과 빙산을 뜻하는 '아이스버그'를 합쳐 **팻버그**라고 불러요.

냄새나요!   병을 퍼뜨려요!   주변을 오염시켜요!

THE FATBERG

무게가 13만 킬로그램으로 **코끼리 20마리**보다 더 무거웠어요.

하수구를 **250미터**나 막았어요. 버스 13대와 맞먹는 길이예요.

주연 : 미끄덩 기름덩이
- 조리용 기름
- 음식물 쓰레기
- 비닐봉지
- 물티슈

주의 사항! 당시에는 엄청난 사건이었지만, 그 후 세계 도시 곳곳에서 팻버그가 발견되고 있어요. 팻버그를 없애려면 여러 명의 기술자들이 며칠씩 일해야 해요. 팻버그를 만들지 않으려면, 변기나 배수구에 아무거나 버리지 않아야 해요!

34   아무리 재활용을 해도…

지구는 계속 쓰레기 속에 파묻히고 있어요.

미국 정부는 1960년부터 재활용에 관한 정보를 수집해 왔어요.
반세기가 지난 지금, 미국 사람들은 쓰레기를 23배나 더 많이 재활용하고 있어요.
좋은 결과처럼 들리지만 슬프게도 쓰레기 총량은 *아직도* 계속해서 늘어나고 있어요.

2017년 미국

쓰레기 총량
2,430억 킬로그램

재활용 총량
1,160억 킬로그램

1960년 미국

쓰레기 총량
800억 킬로그램

재활용 총량
50억 킬로그램

미국만 살펴봐도 이런 상황이니 세계 다른 나라까지 고려하면, 결과는 더욱 심각해요.
낡은 물건을 재활용하는 건 좋은 일이에요. 하지만 지구가 쓰레기에 파묻히지 않으려면,
애초에 새로운 물건을 덜 사고, 가능한 한 재사용해야 해요.

35 씨앗과 삽으로...

지구를 구할 수 있어요.

나무 심기는 어렵지 않아요. 흙과 씨앗, 약간의 햇빛과 비, 그리고 씨앗이 자라날 시간만 있으면 돼요. 몇몇 과학자들은 우리가 나무를 충분히 심는다면, 중요한 변화가 일어날 거라고 생각해요.

과학자들은 위성 사진을 이용해서 지구에 나무를 심을 수 있는 넓은 땅이 **9억 헥타르**에 이른다는 것을 계산해 냈어요. 거의 미국 크기만 한 넓이예요.

우리가 산소를 마시듯 나무는 공기 중에서 이산화탄소를 빨아들여요. 잎에서 이산화탄소를 흡수하여 성장하는 데 쓰지요. 공기 중에서 흡수한 이산화탄소는 나무가 자라면서 몸속에 **저장**돼요.

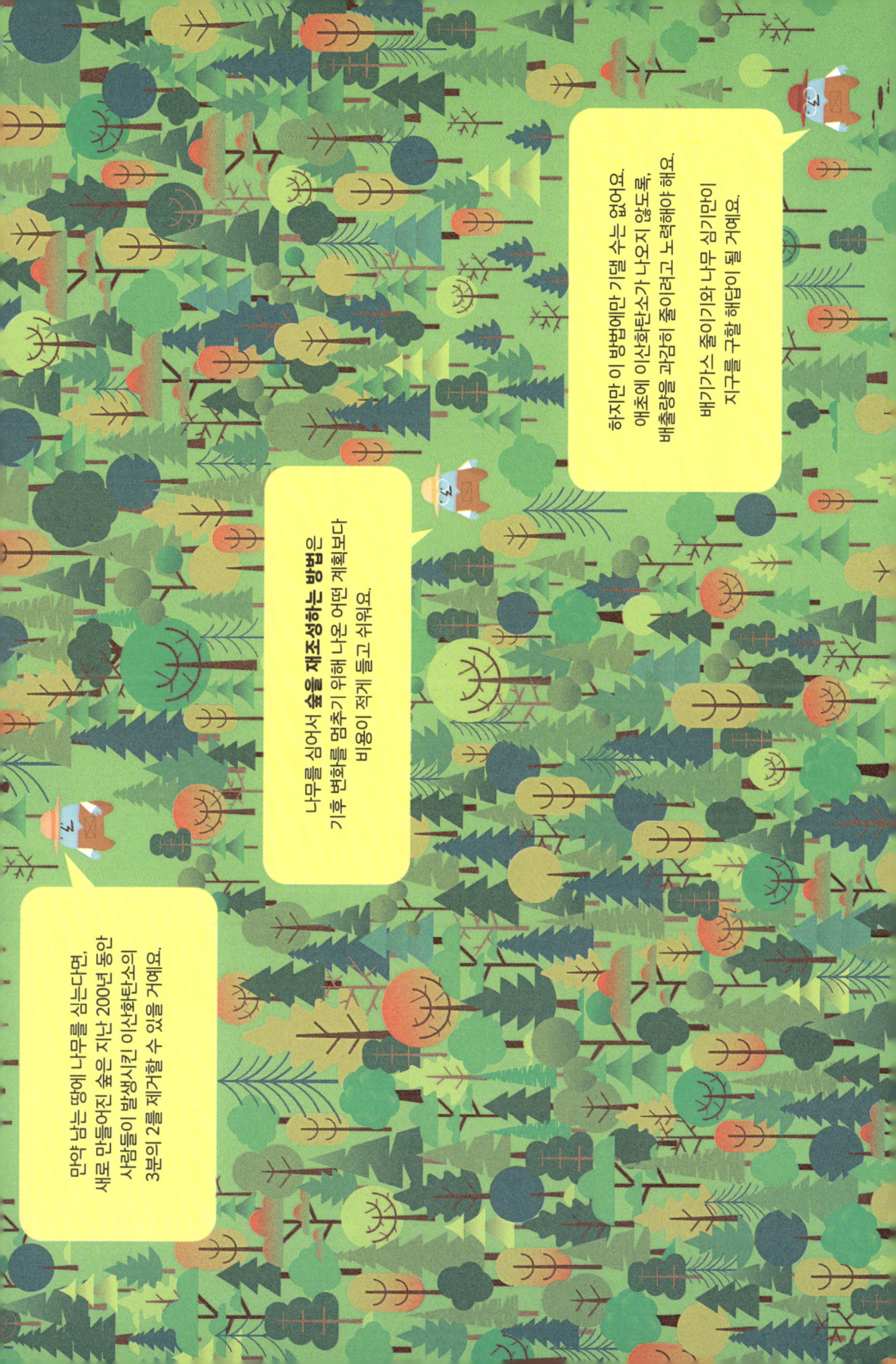

36 청바지 도서관은…

모든 청바지를 최대한 활용해요.

청바지를 새로 만들 때 이산화탄소가 발생하고 많은 물이 필요해요.
그래서 청바지를 적게 만들고, 오래 입는 것이 지구에 좋아요.
이것을 실천하는 한 방법으로 **청바지 도서관**을 운영하기도 해요.

청바지 도서관에 가입한 뒤, 회원은 몇 주일이나 몇 달, 심지어 1년 넘게 청바지를 빌릴 수 있어요.

회원이 교환할 청바지를 골라 가서, 다른 청바지로 바꿔요.

이 청바지에 질렸어요.

이번에 다른 스타일로 입어 볼래요?

옷이 작아졌어요.

더 큰 치수로 가져왔어요.

청바지가 찢어졌어요.

다시 빌려주기 전에 세탁과 수선을 해 둘게요.

이런 시스템을 활용하면 청바지를 각자 사서 입을 때보다 더 많이 사용할 수 있어요.

청바지가 닳으면, 청바지 도서관에서 원단을 재활용해요.

이와 비슷하게 공구나 장난감, 여행 가방을 빌려 쓰는 도서관도 운영되고 있어요.

37 버거 한 개를 만드는 데…

한 사람이 3년 동안 마실 물보다 더 많은 물이 쓰여요.

소고기를 얻기 위해 소를 키우고, 소의 먹이가 되는 농작물을 키우는 데에도 많은 물이 쓰여요. 하지만 우리가 쓸 수 있는 물의 양은 정해져 있어요. 따라서 버거를 덜 먹는 것도 물을 아낄 수 있는 한 가지 방법이에요.

만약 버거 한 개에 들어갈 소고기를 만들기 위해 사용한 물을 모두 저장한다면…

…날마다 5분씩 샤워하는 사람이 **두 달** 동안 쓸 수 있는 양이에요.

…하루에 4번 변기 물을 내리는 사람이 **4달** 동안 변기 물을 내릴 수 있는 양이에요.

…하루에 보통 8잔씩 물을 마시는 사람이 **3년 4개월** 동안 마실 물이 모일 거예요.

무엇인가를 만들기 위해서 쓰이는 물의 양을 **물 발자국**이라고 해요. 52쪽에서 더 자세히 알아봐요.

38 빛을 보려면…

어둠을 끌어안아야 해요.

태양계는 우리은하에 있어요. 우리은하는 소용돌이치는 거대한 원반 형태로, 먼지와 행성과 약 **1,000억 개의 별**로 이루어져 있어요. 하지만 지구의 어떤 곳에서는 하늘에서 은하를 볼 수 없어요. 빛 공해 때문이지요.

빛 공해는 가로등 같은 인공적인 빛 때문에 생겨나요.
자연적인 어둠을 가리고, 필요한 곳 너머까지 빛을 비추어요.

도시 위를 맴돌며 별을 가로막는
희부연 빛을 **스카이글로**라고 해요.

스카이글로는 지표면에서 올라오는
지나치게 반짝이는 빛이 대기에서 반사되고 흩어지면서
생겨나요. 도시 너머 수백 킬로미터 밖까지
스카이글로 현상이 나타나기도 해요.

이주하는 철새는 이 빛에 눈이 부셔
길을 잘못 들어요. 빛 공해 때문에
세계 인구의 **3분의 1**이 은하수를 볼 수 없어요.

이런 불빛은 대부분 없어도 되는
빛이에요. 그저 빈 건물이나
텅 빈 거리를 비출 뿐이지요.

미국에서만도 하루에 **500만이 넘는 가정**에
난방과 전력을 충분히 공급할 수 있는 에너지를
쓸데없는 빛으로 소비하고 있어요.

빛 공해가 없으면,
밤하늘에 은하수가 보여요.

야외 조명을 어둡게 하거나
끄면 어마어마하게 많은
에너지를 아낄 수 있어요.
동물들도 잘 살아갈 수 있고요.

또한 우리는 별이 가득한
밤하늘을 즐길 수 있겠지요.

39 모든 신발은…

발자국을 세 개씩 남겨요.

모든 신발은 밑창 무늬뿐만이 아니라 발자국 두 개를 더 남겨요.
바로 **탄소 발자국**과 **물 발자국**이에요.

온실가스 배출을 일으키는 모든 것은 **탄소 발자국**을 남겨요.

다음은 신발이 만들어지는 과정에서 만들어진 탄소 발자국들이에요.

신발 공장은 전기로 돌아가요. 전기는 온실가스를 내보내는 발전소에서 오지요.

신발 가죽은 소한테서 얻어요. 소는 온실가스를 많이 내보내는 동물이에요.

신발 부품은 공장까지 배로 운송되고, 완성된 신발은 세계 곳곳에 배로 운송돼요. 배는 화석 연료를 태우며 많은 온실가스를 내보내요.

어떤 물건의 **물 발자국**이란, 물건을 만들고, 운송하고, 판매할 때 깨끗한 물을 얼마나 사용했는지를 가리켜요.

가죽 신발 한 켤레를 샀을 때 지구에 끼치는 영향은 자동차로 60킬로미터를 운전했을 때와 비슷해요.

신발의 물 발자국은 다음과 같아요.

- 가죽을 얻기 위해 소 기르기
- 전기 만들어 내기
- 신발 상자 만들 종이 생산하기

두 발자국을 모두 줄이는 유일한 방법은 전 세계 모든 사람들이 만들고, 팔고, 사는 **물건을 줄이는** 거예요.

40 심지어 전화 통화도…

발자국을 남겨요.

신발이나 전화기 같은 물질만 탄소 발자국을 남기는 건 아니에요.
전화 통화, 이메일, 인터넷 검색 같은 비물질도 환경에 영향을 끼쳐요.

다음과 같은 방식으로요.

통신사 기지국에서
각 전화에서 나오는
신호를 전 세계로 보내요.
이때 전기를 써요.

전화 통화를 할 때
전기를 써요.

전화 통화는
'스위치보드'라는 기계가
연결해 주는데,
전기로 작동돼요.

전화 회사는 건물과
직원, 기계가 필요하고,
모두 전기를 사용해요.

이 모든 전기는
발전소에서 와요.
발전소는 대기 중에
온실가스를 내보내요.

전화 통화를 기분 나쁘게
생각하지는 마세요!

가장 나쁜 건 원치 않는
전화를 거는 회사예요.

스팸이라고도 부르는 이런
쓸모없는 메시지가 모든 통화의
약 **30퍼센트**를
차지해요.

41 벌을 위한 버스 정류장은…

생물 다양성을 증가시켜요.

세계 곳곳에서 벌의 서식지가 파괴되어 벌의 수가 줄어들고 있어요. 이 문제를 해결하기 위해 네덜란드의 한 도시는 300개가 넘는 버스 정류장을 벌 보호 구역으로 만들었어요.

벌은 농작물을 비롯해 많은 식물이 자라도록 돕는 중요한 역할을 해요. 그런데 현재 벌은 심각한 위기에 처해 있고, 벌이 없어지면 우리도 곤란해질 거예요.

네덜란드의 도시 위트레흐트에서는 벌이 꿀을 먹을 수 있도록 버스 정류장 지붕에 야생화를 심었어요. 생물 다양성을 높일 뿐만 아니라, 벌 개체군이 유지되도록 돕지요.

42 플라스틱병을 모으면…

공짜로 버스를 탈 수 있어요.

갈수록 플라스틱 쓰레기가 쌓이면서, 정부와 기업은 사람들에게 재활용을 많이 하게 할 방법을 찾고 있어요. 인도네시아의 한 도시에서는 버스 요금 대신 플라스틱병을 낼 수 있어요.

이 버스는 하루에 재활용할 플라스틱을 **250킬로그램** 모아요.

플라스틱병을 사용하여 학교 교육비나 급식비를 내는 것과 비슷한 제도가 세계 곳곳에 도입되었어요. 이와 같은 방식을 **장려책**이라고 해요.

43 강렬한 예술 작품은…

사람들의 관심을 끌어요.

기후 위기는 뉴스에 많이 나와요. 하지만 때로는 메시지를 예술로 전달할 때 사람들의 마음을 크게 움직이기도 해요.

2017년, **로렌초 퀸**은 이탈리아의 도시 베네치아에 기후 위기를 알리는 조각 작품 '서포트'를 설치했어요.

이걸 보니까 지구가 뜨거워져서 해수면이 올라가는 게 걱정돼요.

44 가능한 일은 아니지만…

불가능하지도 않아요.

지구 극지방에는 엄청난 양의 얼음이 있어요. 그 얼음이 녹으면서 바닷물이 늘어나고, 해수면 높이에 있는 지역은 물에 잠길 위험에 처해 있어요. 과학자들은 얼음과 얼음 위에 사는 동물을 보호하기 위해 몇 가지 야심 찬 아이디어를 시도하고 있어요.

45 열대 우림에서 불타는 나무들은…

고대 농장을 비옥하게 했어요.

아마존 열대 우림은 나무와 식물로 가득해요.
하지만 흙은 해마다 농작물을 재배할 만큼 비옥하지 않아요.
고대부터 사람들은 이 문제를 **검은 흙**이라는 뜻인 *테라 프레타*로 해결했어요.

약 3,000년 전,
아마존에 살던 사람들은
정착지를 더욱
넓히기 시작했어요.

사람들은 나무를 자르고
숲을 불태웠어요.
그러면 숯이 남아요.

숯을 흙에 섞어서
검은 흙을 만들었어요.
검은 흙이 농작물을 잘 자라게
한다는 사실을 알았거든요.

농사를 지으면 흙은
갈수록 영양분을 잃어요.
하지만 흙에 숯을 섞으면
흙을 비옥하게 하는 영양소,
미생물, 물을 유지할 수 있어요.

인구가 증가함에 따라 우리는 흙에 영양분이 부족해지는 일 없이
모두가 먹고살 수 있도록 충분한 식량을 확보해야 해요.
과학자들은 현대판 검은 흙인 **바이오차**가 농부를 도울 거라고 생각해요.

46 불타는 똥이…

대기에서 탄소를 격리해요.

농장에서 생긴 쓰레기를 썩게 놔두거나 모닥불에 던져서 태우면 대기 중에 이산화탄소가 나와요. 농부들이 이런 쓰레기를 **바이오차**가 되도록 특별 제작된 가마에 넣어 태우면 지구에 훨씬 더 좋아요.

농장에는 배설물, 나무, 수확 뒤에 남은 쓰레기가 많이 나와요.

이런 쓰레기를 가마에서 산소가 전혀 없이 태워요.

그러면 탄소로 가득한 바이오차가 생겨나요.

바이오차를 흙에 섞으면 토양이 비옥해져요. 탄소는 그렇게 수백 년 동안 땅속에 묻혀서 **격리되어** 있을 거예요.

47 부지런한 비버가...

홍수를 막아 줘요.

기후 위기는 큰비 때문에 강이 범람하여 홍수가 더욱 자주 일어나게 해요. 하지만 둑을 쌓아서 도시와 마을을 보호하는 부지런한 생물이 있어요. 바로 비버예요.

비버는 북아메리카에서는 흔하지만, 영국에서는 400년 전에 자취를 감췄어요.

최근 영국은 긍정적인 효과를 기대하며 일부 지역에서 비버를 야생으로 돌려보냈어요.

우리는 나무를 갉아서 나무토막으로 **댐**을 지어요.

댐 뒤로 물이 모이며 깊은 연못이 생겨요.

비버가 만드는 댐이 없으면, 큰비 때문에 강물이 순식간에 불어서 사람이 사는 집과 농장이 잠길 거예요.

우리는 댐을 나뭇가지로 만들기 때문에 약간씩 틈새가 있어요. 강물의 흐름을 완전히 막지 않고, 물이 순식간에 불어나지 못하게 하여 홍수를 막아요.

48 주황색 새 가운 한 벌이…

매립지를 쓰레기로 꽉 채울 수 있어요.

우리는 누구나 새 물건을 가지고 싶어 해요. 하지만 새 물건을 가지는 것이 언제나 좋은 일은 아니에요. 지구한테도요. 250년 전, 프랑스 철학자인 드니 디드로는 새 물건 하나 때문에 다른 걸 사고, 사고, 또 산다는 사실을 발견했어요.

모든 일은 디드로가 멋진 주황색 가운을 선물 받으면서 시작되었어요.

디드로가 새 가운을 입고 보니, 앉아 있는 낡은 의자가 초라해 보였어요. 그래서 낡은 의자를 버리고, 멋진 가죽 의자를 샀지요.

디드로는 새 의자와 어울리도록, 오래된 그림을 새 그림으로 바꿨어요.

이어서 벽에 허전한 공간을 메우려고 시계를 새로 샀어요.

자신도 모르는 사이에 어느새 집은 서로 멋지게 어울리는 새 물건으로 가득 차 있었어요.

하지만 이 물건들은 디드로가 애초에 원하던 것도 아니었고, 필요도 없었어요.

디드로는 이렇게 썼어요.
"나는 낡은 가운의 주인이었지만, 이제 새 가운의 노예가 되었다."

경제학자들은 이것을 **디드로 효과**라고 해요. 오늘날 사람들은 새 제품을 점점 더 많이 사들이는 덫에 빠져 매립지를 쓰레기로 가득 채우고 있어요. 지구를 위해서 이런 행동은 반드시 그만둬야 해요.

49 과학자가 동물을 모집해요…

지구를 구할 데이터를 모으기 위해서요.

동물들은 과학자가 지구에 관한 데이터를 모으도록 여러 방법으로 도와요. 그중 몇 가지는 다음과 같아요.

과학자가 작은 송신기를 대륙검은지빠귀에 달아 위치를 추적해요. 이 데이터를 모아, 기후 위기가 새들의 이주 습성에 어떤 영향을 끼치는지 연구해요.

재규어와 바다거북처럼 멸종 위기에 처한 종을 추적하면, 과학자는 이 종들이 어디에 사는지, 어떻게 보호할지 더 많이 배울 수 있어요.

먼 거리를 날아다니는 앨버트로스에게 GPS 센서를 달아 레이더 신호로 불법 어선을 감지할 수 있어요. 그러면 정부에서 불법 어선을 더 쉽게 찾아서 막을 수 있지요.

남극에 사는 바다표범에게 바다 온도를 측정하는 센서를 달면, 과학자들은 물이 가장 빨리 따뜻해지는 곳을 추적하고, 언제 큰 해빙 덩어리가 녹을지 예측할 수 있어요.

50 세계의 모든 에너지를…

사막에서 모을 수 있어요.

지구에 1년 동안 내리쬐는 햇빛만 모아도 **80년** 넘게 우리에게 필요한 에너지를 얻을 수 있어요. 하지만 햇빛으로 발생시키는 전력, 즉 **태양열 발전**으로 얻는 전기의 양은 현재 전 세계에서 사용되는 전력의 5퍼센트에도 못 미쳐요.
어떻게 하면 이런 상황이 바뀔 수 있을까요?

사하라 사막은 지구에서 가장 넓은 사막 중 하나예요. 하지만 더 중요한 점은, 지구에서 햇빛이 가장 많이 내리쬐는 곳 중 하나라는 거예요.

현재 예상으로는 태양 빛을 전기로 바꾸는 태양 전지판을 사막의 **2퍼센트**도 안 되는 넓이에 설치해도 전 세계에 에너지를 충분히 공급할 수 있어요.

실제로 어느 만큼인지 감을 잡기 위해서, 태양 전지판 그림을 이 페이지에서 2퍼센트를 차지하도록 그렸어요.

가만히 있을 시간이 없어요.
2퍼센트는 작게 느껴지지만, 태양 전지판을 사막에 수천 킬로미터나 설치해야 한다는 뜻이거든요.

태양 전지판을 설치하는 것도 쉽지 않은 일이지만, 현재로써는 모은 에너지를 전 세계로 보내는 것도 불가능해요. 그래도 이 방법은 태양열 발전이 지닌 엄청난 잠재력을 보여 줘요. 태양열 발전을 활용할 방법을 찾는 일은 아주 중요해요.

51 언제나 화창한 곳은…

우주예요.

태양 에너지는 화창한 날에도 절반만이 대기를 지나 지구에 도달해요.
그렇다면 우주에 태양 전지판을 설치하는 건 어떨까요?

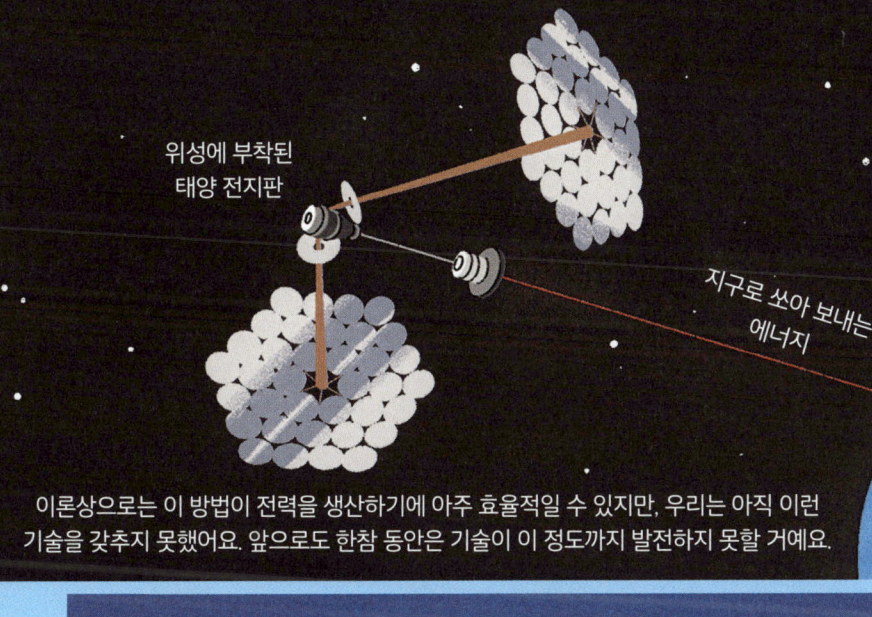

위성에 부착된 태양 전지판

지구로 쏘아 보내는 에너지

이론상으로는 이 방법이 전력을 생산하기에 아주 효율적일 수 있지만, 우리는 아직 이런 기술을 갖추지 못했어요. 앞으로도 한참 동안은 기술이 이 정도까지 발전하지 못할 거예요.

52 보낸 사람: 나…

받는 사람 : 여러분에게.

제목 : 지구를 구하는 방법

컴퓨터 키보드를 쳐서 이메일을 보내면 매우 빠르고 간편해요.
하지만 이메일조차 탄소 발자국을 남겨요(52쪽 참고).

핸드폰을 사용하고, 컴퓨터나 전자 기기를 켤 때마다 전기가 사용돼요. 우리가 이메일을 보내거나 받는다는 건 더 많은 전기를 쓰면서 전자 기기를 더 오래 켜 둔다는 것을 뜻해요.

가장 나쁜 범죄자는 원하지 않는 쓰레기 같은 메일을 보내는 기업이에요.
'스팸' 메일은 모든 메일의 50퍼센트 이상을 차지해요.
이런 메일을 줄이면 탄소를 굉장히 많이 줄일 수 있을 거예요.

고마워요. 항상 잘 지내요.
안녕.

53 하늘에서 내리는 소시지로…

포식자의 입맛을 안전하게 바꿔요.

오스트레일리아에 사는 포유동물인 **북부주머니고양이**는 멸종할 위기에 처했어요. 주머니고양이가 독이 든 **수수두꺼비**를 먹고 죽기 때문이에요. **환경 보호 운동가**들은 먹이를 좀 더 조심해서 고르도록 북부주머니고양이를 가르치고 있어요.

수수두꺼비는 **침입종**이에요. 원래는 라틴아메리카에 사는데 1930년대에 오스트레일리아로 온 뒤로 빠르게 퍼져서 원래 살던 북부주머니고양이에게 큰 위협이 되었어요.

수수두꺼비

주머니고양이는 과일, 곤충, 도마뱀, 개구리를 먹어요. 원래 수수두꺼비는 먹지 않았어요.

북부주머니고양이

수수두꺼비 한 마리를 먹으면, 북부주머니고양이도 한 마리가 죽어요.

북부주머니고양이를 구하기 위해서, 과학자들은 특별한 소시지를 만들어 헬리콥터로 주머니고양이가 사는 외딴 지역에 가서 소시지를 던져 주고 있어요.

소시지는 수수두꺼비 고기로 만들었지만 독은 없어요.

과학자들은 소시지에 먹으면 잠시 메스꺼움을 느끼게 하는 화학 물질을 첨가했어요.

이렇게 해서, 주머니고양이는 두꺼비 냄새의 고기를 먹으면 메스꺼움을 느낀다는 나쁜 경험을 해요.

다음에 주머니고양이가 수수두꺼비의 냄새를 맡아도 먹고 싶은 마음이 들지 않을 거예요. 그러면 독 때문에 죽을 일도 없겠지요.

54 못생긴 과일도 산다고…

슈퍼마켓에 알려 주어야 해요.

슈퍼마켓에 진열된 상품을 보면, 대부분 과일과 채소의 모양이 딱 한 가지인 것만 같아요. 하지만 사실 식물은 곧은 모양부터 울퉁불퉁 못생긴 것까지 온갖 다양한 모양으로 자라요. 슬프게도 못생긴 과일은 대부분 버려져요.

"날 좀 봐요."

"날 골라요!"

"사람들이 뭐라고 하든, 우리는 예쁘다고요."

"생긴 건 이래도 맛있어요."

많은 슈퍼마켓이 농부에게서 못생긴 과일을 사지 않으려고 해요. 손님이 '예쁘게 생긴' 과일만 사간다는 이유 때문이지요.

모든 음식 재료 중 **3분의 1**이 버려지는 이유가 바로 생김새 때문이에요. 이건 음식 재료를 키우는 데 들어간 물과 땅 그리고 에너지를 엄청나게 낭비하는 거예요.

하지만 도울 방법이 있어요. 장을 볼 때마다 못생긴 과일을 고르는 거예요. 손님이 못생긴 과일도 산다는 사실을 슈퍼마켓에서 알면, 과일이 버려지지 않을 거예요.

55 산맥을 만들면…

지구 온도를 낮출 수 있어요.

바위가 바람과 비에 드러나면 서서히 닳아 없어져요. 이것을 '풍화 작용'이라고 해요. 풍화 작용이 일어날 때, 대기 중에 있던 이산화탄소가 바위와 결합해요. 즉, 대기 중에서 이산화탄소가 제거되지요.

풍화 작용으로, 이산화탄소는 일 년 동안 **1조 킬로그램**이 흡수돼요. 하지만 배출된 양에 비하면 아주 적어요.

지구 표면에 바위를 더 많이 보태면, 이산화탄소 증가와 지구 온난화를 막는 데 도움이 될 거예요.

이런 방법을 **강화된 풍화 작용**이라고 해요.

과학자들은 수백만 년 전, 히말라야산맥이 형성되었을 때 강화된 풍화 작용이 자연스럽게 일어났을 거라고 생각해요. 이때 새로운 산맥이 이산화탄소를 너무 많이 흡수해서 기온이 **8도**나 떨어졌어요.

물론 새로운 산맥을 그냥 만들 수는 없지요.

하지만 과학자들이 이 이론을 실행하기 위해, 땅에 돌을 추가하는 방법을 연구하고 있어요.

으랏차차

끙끙

56 훌륭한 골퍼는…

바다를 깨끗하게 지켜요.

아, 또 바다로 날아가네!

전 세계 해안에는 골프장이 수백 개나 있어요.

해안 골프장에서 골퍼들은 평균적으로, 한 경기당 공 1~3개를 물에 빠뜨려요. 골프공은 그대로 물속에 가라앉지요.

바다에 빠뜨린 골프공은 사람들이 일으키는 플라스틱 오염의 아주 작은 일부분에 지나지 않아요.

하지만 이것도 플라스틱 오염을 늘리는 건 마찬가지예요.

사실 해마다 골프공 **수천만** 개가 바다에 빠져요.

퐁당

골프공은 물속에서 서서히 닳아요. 그 과정에서 플라스틱과 고무와 아연의 작은 조각들이 떨어져 나와요. 이런 조각들은 해양 생물에게 해로울 수 있어요.

골퍼들이 더 잘 치고, 공이 바다에 빠지지 않게 주의하면 이런 상황을 막을 수 있어요.

더 간단하게, 물에서 무해하게 분해되는 골프공을 사용할 수도 있겠지요.

57 문제를 해결하기 위해서는…

실제로 뛰어들어 행동해야 해요.

미국 캘리포니아에 사는 **알렉스 웨버**가 애쓰지 않았다면,
사람들은 골프공이 바다를 얼마나 오염시키는지 알지 못했을 거예요.

2016년, 알렉스는 바다 밑까지 잠수했다가,
어마어마하게 많은 골프공을 발견했어요.
그래서 뭔가를 해야겠다고 마음먹었지요.

알렉스는 친구와 가족과 함께
바다에 들어가 골프공
수만 개를 주워 왔어요.

하지만 아직도 바다에는
더 많은 골프공이
남아 있었지요.

그래서 알렉스는 스탠퍼드 대학교에서
해양 오염을 연구하는 과학자에게
연락하여 자신이 발견한 문제를
알려 주었어요.

두 사람은 함께 과학 논문을 써서 출판했어요.
물에 빠뜨린 골프공이 바다를 얼마나
오염시키는지 설명하는 논문이었지요.

골퍼들과 해양 보호 단체들은
이 논문에 영향을 받아,
바닷속에 숨은 오염원 문제에
관심을 가지기 시작했어요.

58 오늘은 너도밤나무가 알맞지만…

내일을 위해서는 떡갈나무를 심어야 해요.

나무를 심으면 탄소를 흡수하고 저장하는 데 큰 도움이 돼요.
하지만 중요한 변화를 끌어내려면 알맞은 장소에 적합한 나무를 심어야 해요.
그리고 가장 중요한 점은 서로 다른 나무가 *다양하게* 어우러져야 해요.

과학자들은 다양한 환경마다 그곳에서
가장 잘 자랄 수 있는 나무를 선택해야 해요.
나무는 오랜 시간 동안
한자리에서 자라기 때문이지요.

예를 들면,

몹시 추운 러시아 지역에서는 얼어붙을 듯한 겨울을
견딜 수 있는 소나무를 심는 것이 가장 좋아요.

아마존 열대 우림에서는
마호가니처럼 거대하게 쑥쑥
자라는 뿌리 깊은 나무가
가장 알맞아요.

레바논과 북아프리카의 산비탈에서는
건조하고 바위 많은 환경에서
잘 자라는 삼나무가 이상적이에요.

과학자들은 멀리 보며 이 문제를 생각해야 해요.
지금의 환경만 따질 게 아니라 나무가 다 자라는
50~100년 동안 환경이 어떻게 변할지도 따져 봐야 해요.
그 기간 동안 나무가 탄소를 가장 많이 저장할 테니까요.

예를 들어, 너도밤나무는
현재 영국의 여러 지역에서 잘 자라요.
그런데 가뭄을 잘 견디지 못해요.

앞으로 수십 년 동안
기후가 점점 더 따뜻해지면,
영국에는 가뭄이 훨씬 더
자주 생길 거예요.

따라서 떡갈나무처럼
가뭄에 잘 견디는 나무를
심는 것이 더 좋을 거예요.

전반적으로 환경은 굉장히 다양한 나무를 함께 심었을 때
가장 건강해요. 나무 종이 다양한 지역은 탄소를 더 많이 흡수하고
여러 동물 종이 잘 살아가도록 밑받침이 되어 줘요.

59 풀을 뜯는 동물들이…

얼어붙은 시베리아의 땅을 녹지 않게 해 줘요.

일 년 내내 얼어붙어 있는 땅을 **영구 동토층**이라고 해요. 영구 동토층이 녹으면 위험한 결과가 올 수 있어요. 그런데 러시아에 있는 시베리아의 영구 동토층이 녹기 시작했어요. 시베리아 자연 보호 구역의 과학자들은 영구 동토층이 녹는 것을 막을 방법을 실험하고 있어요. 바로 배고픈 가축 떼를 영구 동토층에 풀어서 풀을 뜯어 먹게 하는 거예요.

60 동물 배우들이…

오래전에 사라진 풍경을 재현해 줘요.

약 1만 3,000년 전, 시베리아는 완전히 풀로 뒤덮여 있고 포유류가 돌아다녔어요. 최근 이 포유류 중 일부가 시베리아에 있는 체르스키 근처에 **다시 살게 되었어요**. 같은 시기에 살던 이미 **멸종한** 동물들은 과학자들이 그 자리를 대신할 동물을 찾고 있어요.

초원 영화사

캐스팅 확정 :
순록, 말코손바닥사슴, 야크, 사향소.
모두 1만 3,000년 전에
시베리아에서 살았어요.

캐스팅해야 할 멸종 동물 :

털매머드

스텝들소

플라이스토세 낙타

어떤 역할을 오디션 보러 오셨나요?

플라이스토세 낙타예요. 나는 겨울 동안 쓸 에너지를 혹에 지방으로 저장할 수 있고, 풀 뜯어 먹는 걸 진짜 좋아해요.

그 역할에 적합한 것 같군요!

쌍봉낙타

오디션장

안녕하세요, 저는 우드 바이슨이에요. 스텝들소 역할을 오디션 보러 왔어요.

추위도 끄떡없을 두툼한 털, 풀 위주 식습관을 지녔으니 완벽해요!

저만 믿으세요. 제가 똥을 엄청나게 많이 싸거든요! 흙에 영양분이 넘칠 거예요.

감독

환경 보존의 한 형태로, 동물들을 재도입해서 자연 풍경을 다시 만들어 내는 것을 **재야생화**라고 해요. 세계 곳곳에서 재야생화 정책이 많이 진행되고 있어요.

61 버려진 굴 껍데기는…

오염된 물을 깨끗하게 만들어요.

사람들의 활동은 해안가와 강가를 따라 더욱 많은 오염을 일으키고 있어요.
한 가지 가능한 해결책은 날마다 전 세계의 식당에서 굴 껍데기를
바다와 강에 버리는 거예요.

비는 질소와 인처럼,
농경지에서 나오는 화학 오염 물질을
강과 바다로 씻어 보내요.

이런 화학 물질이 엄청나게 많이
바다로 흘러들면, 조류의 양이 증가해
물에 있는 산소를 모두 사용해 버려요.
그러면 다른 동식물이 살아갈 수 없어요.

일부 환경 보호 운동가들은
이 문제를 해결하기 위해 굴 껍데기를
물속에 버리고 있어요. 굴 껍데기는
물속에 가라앉아서 새끼 굴이 들러붙을
단단한 보금자리가 되어 줘요.

62 얼린 타임캡슐은…

미래 기후를 예측하는 데 도움이 돼요.

기후 변화에 맞서기 위해서 과학자들은 기후 변화를 측정할 수 있어야 해요.
한 가지 방법은 남극과 북극에서 추출한 길쭉한 원통형 얼음인 **빙하 코어**를 연구하는 거예요.
과학자들이 조사한 내용은 다음과 같아요.

빙하 코어는
극지방의 깊은 얼음을
수직으로 뽑아낸 거예요.

가장 밑에 있는 가장 오래된 구간에서는
이 부분이 형성될 당시에 눈이 아주 많이
내렸다는 사실을 알 수 있어요.

꽃가루

그런 다음, 여러 구간으로
잘라서 연구해요.

눈송이

꽃가루는 식물이
얼마나 번성했고
계절이 얼마나 오래
지속되었는지를
알려 줘요.

시간이 흐르면서 어린 굴은 껍데기에 단단히 들러붙어 서서히 큰 무리를 이루며 군락을 형성해요.

굴은 몸으로 물을 빨아들여 먼지와 조류, 플랑크톤과 오염물 등을 걸러 먹어요.

굴 한 마리는 매일 욕조 하나를 채울 만큼의 물을 걸러 낼 수 있어요. 따라서 건강한 굴 군락은 바닷가와 강을 깨끗하게 해 줘요.

이 구간에 보이는 화산재 층으로 화산이 폭발한 시기를 알 수 있어요.

이산화탄소

방사성 입자들은 이 기간에 태양으로부터 지구에 우주 방사선이 많이 부딪쳐 왔다는 걸 보여 줘요.

더 최근 층에는 이산화탄소가 훨씬 많이 들어 있어요. 이산화탄소는 지구 온도를 높이는 데 한몫하는 **온실가스**예요.

화산재 입자

얼음에 갇힌 이산화탄소 방울은 대기 중에 이산화탄소가 얼마나 많이 있었는지를 나타내요.

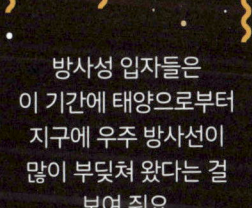

방사성 입자

빙하 코어 속 이산화탄소의 수치 변화를 연구하면서 이산화탄소가 빠르게 증가했다는 사실을 알았어요. 이산화탄소가 기후 변화를 일으키는 주요 원인 중 하나라는 증거예요.

63 보자기로 포장한 선물은…

지구에게 주는 선물이에요.

선물 포장을 뜯는 건 가장 신나는 일이에요. 하지만 쓰레기가 많이 나오지요.
보자기는 여러 방식으로 선물을 포장할 수 있어요.
구겨진 종이 더미 대신 친환경적인 대안이 될 수 있어요.

해마다 크리스마스에 영국에서만 **36만 5,000킬로미터**에 달하는 포장지가 버려져요.

그 양은 지구 적도 부분을 **아홉 번** 넘게 감을 수 있는 길이예요. 포장 종이는 대개 반짝이로 덮여 있어서 재활용할 수 없어요. 결국 포장지로만 재사용할 수 있지요.

네모난 천인 보자기 한 장으로 어떤 선물이든 감쌀 수 있어요. 몇 번이고 다시 쓸 수 있고요.

매듭을 지으면 천이 풀리지 않고 고정되니, 테이프나 리본이 낭비되지도 않지요.

보자기를 선물 포장용으로 사용하지 않을 때는 비닐봉지 대용으로 쓸 수도 있어요.

64 먹을 수 있는 숟가락은…

플라스틱 사용을 줄여 줘요.

플라스틱 칼과 포크, 숟가락 등 일회용 플라스틱은 해마다 수백만 개씩 버려져요. 먹을 수 있는 숟가락은 쓰레기를 줄이는 한 가지 방법이 될 수 있어요.

프리즈 언니네 달콤한 아이스크림

어떤 숟가락으로 드릴까요?

숟가락을 골라 주세요

플라스틱 숟가락
아주 약하게 화학 물질의 맛이 나요. 제조 과정 중에 탄소가 방출되고, 재활용될 가능성은 없는데도 여전히 가장 인기 있는 숟가락이에요!

나무 숟가락
나무는 해마다 수십억 그루가 베어져요. 나무 숟가락을 퇴비로 만들 수 있을지 몰라도, 분명 환경 친화적인 재료는 아니에요!

먹을 수 있는 숟가락
쌀, 밀, 옥수수가루 같은 100퍼센트 천연 재료로 만들어졌어요. 먹지 않아도 **생분해성** 제품이라 며칠 안에 썩어서 없어져요.

아이스크림 고르기
- 딸기
- 라즈베리
- 초콜릿
- 바닐라
- 민트
- 달고나

뭘 고를까?

난 내 숟가락을 가지고 왔어.

맛있다!

65 지하 도로와 다리 덕분에…

홍게가 바다까지 갈 수 있어요.

인도양에 있는 크리스마스섬에서는 해마다 11월이면 홍게 수십만 마리가 숲에서 나타나 바닷가로 향해요. 바다에 가서 알을 낳으려고요. 하지만 몹시 위험한 여행이에요.

크리스마스섬을 관리하는 오스트레일리아 정부는 홍게가 바다로 가는 중에 길을 잃거나 죽는 일이 없도록 다양한 방법을 쓰고 있어요.

66 거대한 햇빛 가리개로…

태양열을 반사할 수 있어요.

수년 동안 몇몇 과학자들은 지구로 쏟아지는 열을 막기 위해서 지구와 태양 사이에 가리개를 설치하면 어떨까 하는 생각을 해 왔어요. 이런 프로젝트를 **기후 공학**이라고 해요. 야심 찬 일이지만 비용이 많이 들고, 논란이 많이 일 수 있어요.

태양열의 **2~4퍼센트**만 방향을 바꾸거나 반사해도 지구 온난화를 멈추기에 충분해요.

이런 생각은 **화산 겨울**에서 떠올렸어요. 화산 겨울은 엄청난 화산 폭발 때문에 화산재 구름이 하늘을 가득 채워 햇빛을 막았을 때, 겨울처럼 추위가 길게 이어지는 기간을 말해요.

한 예로, 1991년에 필리핀에서 화산이 폭발했을 때, 18개월 동안 지구 온도가 0.5℃나 낮아졌어요. 별로 크게 낮아지지 않은 듯이 들리겠지만, 기후 변화의 관점에서 보면 엄청난 변화예요.

하지만 이 방법은 실제로 문제의 원인을 해결하지는 않아요. 또한 매우 위험하고, 다른 *심각한* 문제를 일으킬 수도 있어요. 그렇다 해도 과학자들은 실용적인 해결책을 찾기 위해서 다양하게 생각하고 탐구해야 해요.

67 물속에 있는 숲은…

육지에 있는 숲보다 탄소를 더 많이 저장해요.

바닷속에는 **켈프**라고 하는 거대한 해초가 하늘거리며 엄청난 숲을 이루고 있어요. 과학자들은 켈프가 이산화탄소를 흡수하고 어마어마한 양의 탄소를 저장할 수 있다는 사실을 알아냈어요.

켈프는 물에 녹은 이산화탄소를 빨아들여서 성장하는 데 써요. 그러면 이산화탄소는 켈프 속에 붙잡힌 채로 남아 있어요.

켈프는 **50미터**까지 자랄 수 있어요.

또한 켈프는 날마다 **30센티미터**까지 굉장히 빠르게 자라나요.

이런 물속 숲을 **푸른 탄소 생태계**라고 해요.

켈프 숲은 육지에 있는 숲보다 탄소를 더 많이 저장할 수 있어요. 따라서 이러한 생태계를 보호하는 것이 무엇보다도 중요해요.

68 구름도…

멸종될 수 있어요.

층쌘구름(층적운)은 낮은 높이에서 푹신한 담요처럼 형성되는 일반적인 구름이에요.

이런 구름 담요가 지구의 넓은 부분을 뒤덮어 많은 양의 햇빛과 열을 반사해서 지구를 시원하게 유지하는 데 도움을 줘요.

하지만 이런 구름을 당연한 것으로 여겨 소홀히 대하면 안 돼요. 100년 안에 사라질지도 모르거든요.

일부 과학자들은 컴퓨터로 미래 기후를 예측했어요.

그중 한 팀은, 이산화탄소 수치가 계속해서 올라가면, 결국 층쌘구름이 형성될 수 없다는 사실을 알아냈어요.

층쌘구름은 멸종될 수 있어요. 층쌘구름이 제공해 주던 그늘이 없어지면, 지구는 그 어느 때보다 빠르게 뜨거워질 거예요.

컴퓨터의 예측은 과학자들의 다음 주장을 뒷받침해 줘요.

우리는 지구를 구하기 위해서 지금 당장 행동해야 해요.

또 구름을 구하기 위해서도요.

69 귀뚜라미 케이크를 한 입 먹을 때마다…

야생 지역 한 부분을 구할 수 있어요.

단백질은 우리 몸이 자라도록 돕는 중요한 영양소예요. 우리는 주로 고기를 먹어서 단백질을 얻어요. 하지만 미래에는 또 다른 친환경 원료에서 단백질을 얻을지 몰라요. 바로 귀뚜라미 같은 곤충에서요.

대규모 소 목장

소고기를 얻기 위해 소를 키우려면 넓은 땅이 있어야 해요. 소 한 마리를 키우는 데 적어도 테니스장 네 배만큼의 공간이 필요해요.

공간 문제 때문에 해마다 점점 더 많은 야생 지역을 태우고, 베어 내고, 개간해서 농경지로 만들고 있어요.

한 예로, 브라질 아마존에서만 대략 스웨덴 크기만큼의 숲을 베어 내고 대규모 소 농장을 만들었어요.

하지만 더욱더 친환경으로 공간을 아낄 수 있는 선택지가 있어요. 예를 들면, 소 목장에서 얻을 수 있는 단백질을 소 목장의 약 **20분의 1** 크기인 귀뚜라미 농장에서 얻을 수 있어요.

야생 지역

귀뚜라미는 통째로 먹거나 가루로 빻아서 케이크나 크래커를 만들고, 에너지바로 만들 수 있어요.

다시 말하면, 귀뚜라미를 키우면 똑같은 양의 단백질을 얻으면서 많은 야생 지역과 야생 생물을 보호할 수 있다는 뜻이에요.

귀뚜라미 농장

귀뚜라미뿐 아니라 완두콩과 콩도 훌륭한 단백질 공급원이에요. 그리고 소 목장보다 땅도 훨씬 덜 차지하지요.

70 많은 데이터를 가진 농부가…

세계의 식량을 공급할 수 있어요.

과학자들은 앞으로 40년 동안 증가하는 세계 인구를 먹여 살리기 위해서 농부들이 이전에 수확했던 양보다 식량을 더 많이 생산해야 한다고 추정해요. 하지만 어떻게 해야 식량을 더 많이 생산할 수 있을까요? 네덜란드의 농부들은 데이터에서 답을 찾았어요.

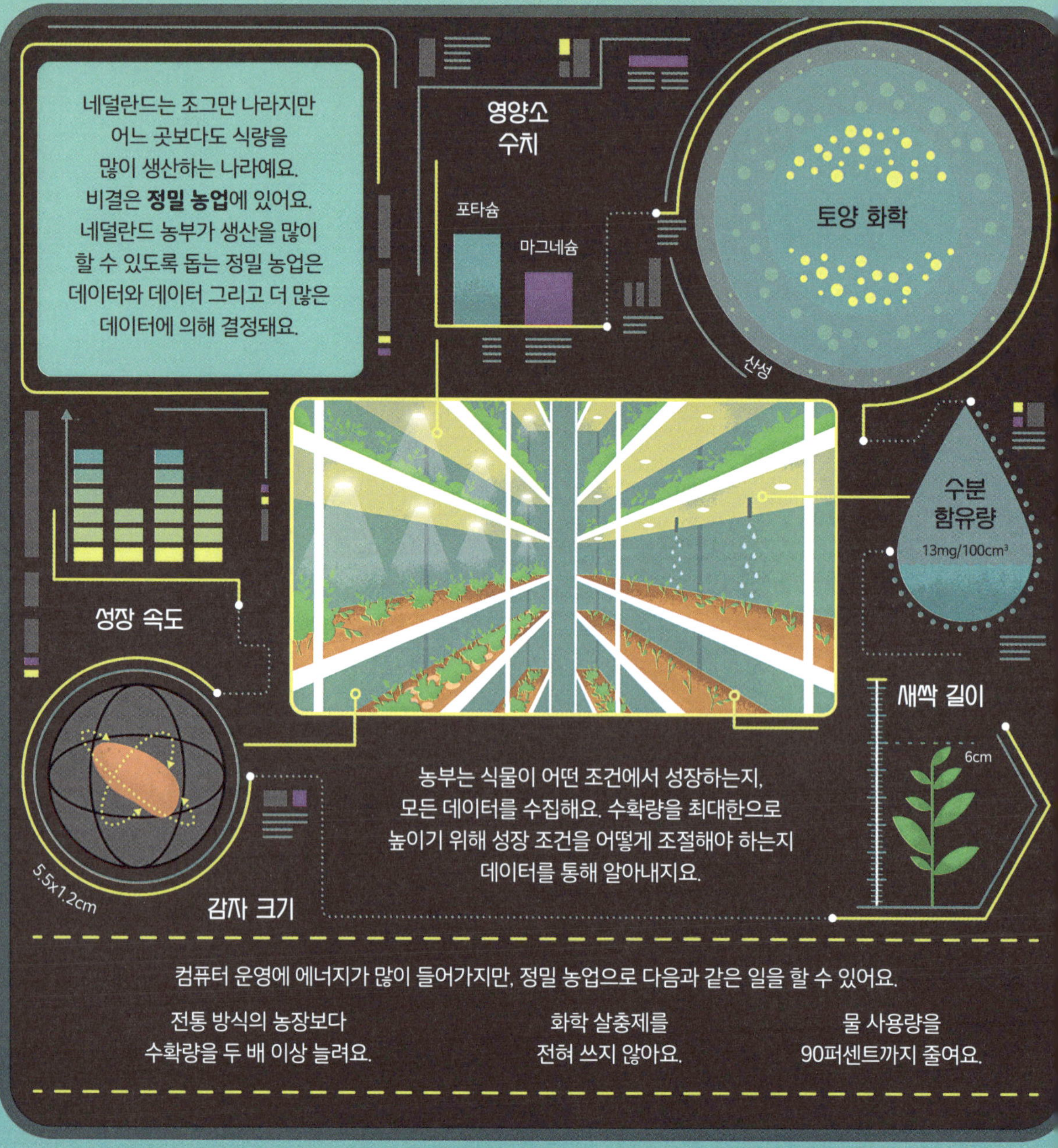

네덜란드는 조그만 나라지만 어느 곳보다도 식량을 많이 생산하는 나라예요. 비결은 **정밀 농업**에 있어요. 네덜란드 농부가 생산을 많이 할 수 있도록 돕는 정밀 농업은 데이터와 데이터 그리고 더 많은 데이터에 의해 결정돼요.

영양소 수치
포타슘
마그네슘

토양 화학
산성

수분 함유량
13mg/100cm³

성장 속도

새싹 길이
6cm

5.5x1.2cm
감자 크기

농부는 식물이 어떤 조건에서 성장하는지, 모든 데이터를 수집해요. 수확량을 최대한으로 높이기 위해 성장 조건을 어떻게 조절해야 하는지 데이터를 통해 알아내지요.

컴퓨터 운영에 에너지가 많이 들어가지만, 정밀 농업으로 다음과 같은 일을 할 수 있어요.

전통 방식의 농장보다 수확량을 두 배 이상 늘려요.

화학 살충제를 전혀 쓰지 않아요.

물 사용량을 90퍼센트까지 줄여요.

71 오래된 탄광이…

배터리처럼 에너지를 저장할 수 있어요.

알맞은 조건에서 풍력 터빈과 태양 전지판은 많은 에너지를 발생시켜요. 한 기술자 그룹이 이렇게 발생한 에너지 일부를 버려진 탄광에 저장할 방법을 개발하고 있어요. 탄광이 거대한 배터리처럼 작동하는 거예요.

해가 빛나고 바람이 불면 남는 **재생 에너지**로 모터를 움직여 커다란 추를 수직 갱도 꼭대기까지 들어 올려요.

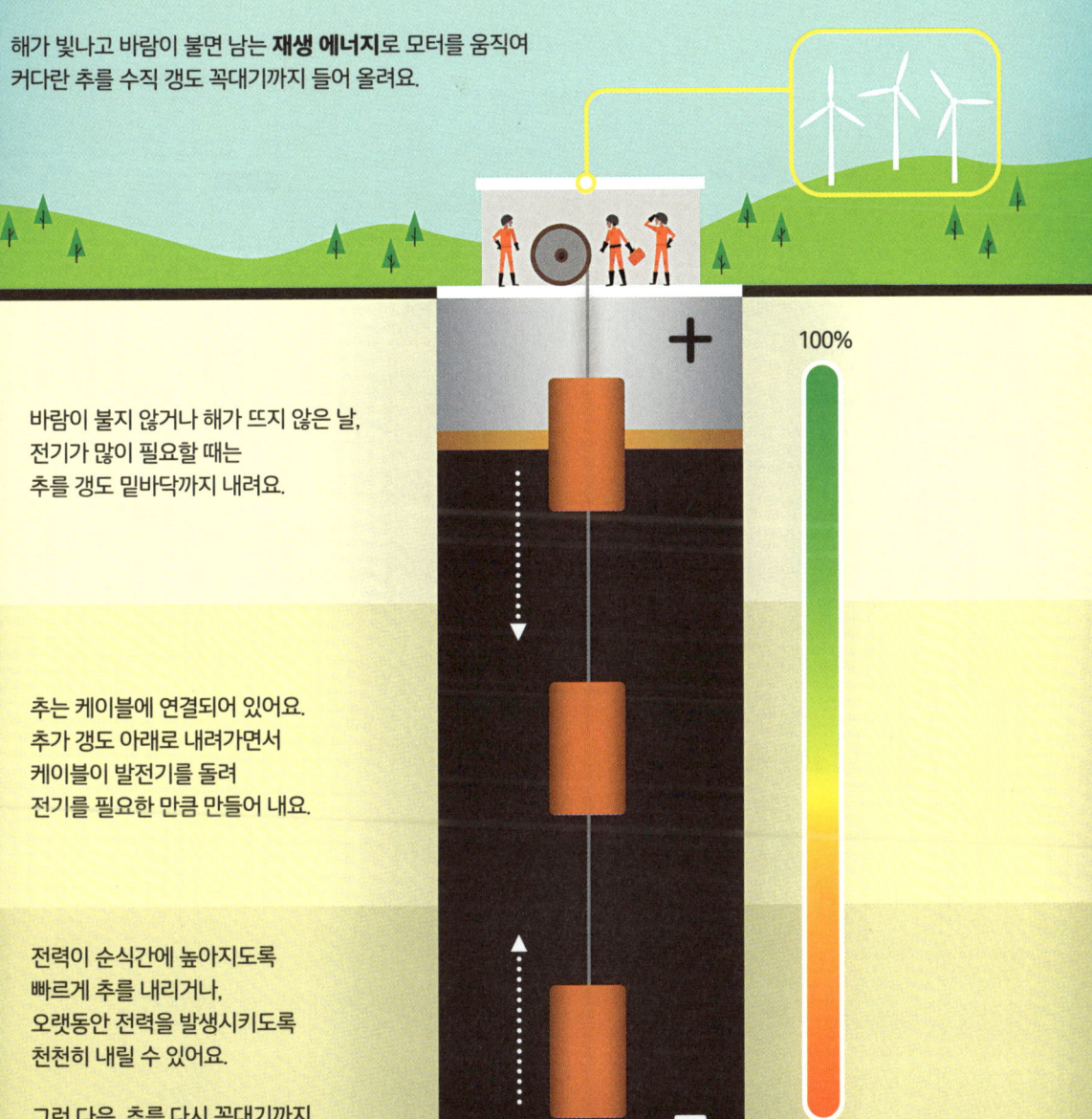

바람이 불지 않거나 해가 뜨지 않은 날, 전기가 많이 필요할 때는 추를 갱도 밑바닥까지 내려요.

추는 케이블에 연결되어 있어요. 추가 갱도 아래로 내려가면서 케이블이 발전기를 돌려 전기를 필요한 만큼 만들어 내요.

전력이 순식간에 높아지도록 빠르게 추를 내리거나, 오랫동안 전력을 발생시키도록 천천히 내릴 수 있어요.

그런 다음, 추를 다시 꼭대기까지 끌어 올려서 이 과정을 되풀이해요.

시간이 지날수록 효율성이 떨어지는 기존 배터리와는 달리 탄광을 이용한 이 방법은 많은 양의 에너지를 반복해서 저장하고 내보낼 수 있어요.

72 오리 군대가…

농부의 밭을 보호해요.

농부는 종종 농작물을 먹는 곤충을 죽이려고 **살충제**라는 독성 화학 물질을 사용해요. 하지만 독성이 덜한 고대 기술이 다시 인기를 끌고 있어요. 바로 오리를 밭에 풀어놓는 거예요.

농부는 작물을 수확할 때까지 날마다 오리 떼를 밭으로 데려가요.

꽥꽥, 7구역은 이상 무!

오리는 해충을 마음껏 잡아먹고, 농작물을 질식시키는 잡초를 먹어 치우지요.

73 과학자는 시간 여행을 해요…

오래된 항해 일지를 통해서요.

인공위성과 기상 관측소는 기후 데이터를 기록해요. 하지만 오랜 기간에 걸쳐 기후가 어떻게 변해 왔는지를 이해하려면, 과학자는 인공위성이 존재하기 이전 시대의 기후 데이터도 찾아야 해요.

1800년대와 1900년대 초반에, 선원들은 바다에서 겪은 날씨를 굉장히 자세하게 기록했어요.

배의 위치를 표시하는 세세한 기록과 함께 기압, 기온, 풍속, 풍향뿐 아니라, 해빙의 위치까지 **항해 일지**에 날마다 기록했어요.

1879년 10월 10일
위치 : 북위 71도 43분 25초 서경 176도 12분 15초

풍향 : 남풍
풍속 : 6
기온 : 14°C
해양 표면 수온 : 0°C
배가 얼음으로 둘러싸임.

오리가 들판을 돌아다니며 흙을 휘젓고, 곡식이 섭취할 영양분을 똥으로 내보내요.

많은 아시아 국가에서 농부들은 수백 년 동안 오리를 활용해 논농사를 지어 왔어요. 이제는 다른 지역의 농부들도 오리를 활용하기 시작했어요.

꽤애애애애애액! 4구역에서 메뚜기 발견!

꽥꽥, 알았다, 오버. 메뚜기를 먹어 치울 전담팀 출동한다.

오늘날에는, 과학 관련 자료를 조사하는 자원 봉사자인 **시민 과학자**가 옛날 항해 일지 내용을 컴퓨터에 입력하고…

…그 정보를 대규모 온라인 데이터베이스에 올려요.

이 정보를 기후 과학자들이 최근 기후 데이터와 비교해요. 그러면 지난 몇 세기 동안 해빙이나 폭풍이 어떻게 변해 왔는지 연구하는 데 도움이 돼요.

당시에는 해빙이 훨씬 더 많았던 것 같아요.

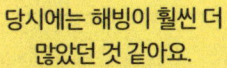

74 산호초를 다시 살리기 위해서…

회복될 때까지 가짜 소리를 만들어 내요.

산호초가 병들면 그곳에 살던 생물들에게 버림받아요. 그러면 산호초가 회복하기 더 힘들어져요. 과학자는 산호초가 실제보다 건강하게 보이도록 야생 동물을 속이는 방법을 찾고 있어요.

건강한 산호초는 시끄러운 소리로 가득해요. 수천 마리의 생물이 서로 다양한 소리를 내면서 살고 있어요.

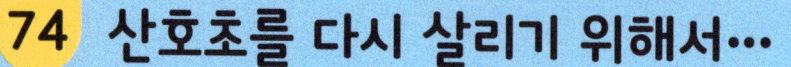

어류들은 오드득, 뜨륵, 삐유 하는 소리를 내요. 새우는 집게발로 딱 소리를 내지요.

오드득오드득

따따닥

이런 소리가 몇 킬로미터까지 퍼지면서 새로운 생물들을 산호초로 불러들여요.

토독토독

건강한 산호초에는 먹을거리가 풍부하고 숨을 곳이 많아요.

팡

산호초는 물고기 배설물의 영양분을 먹고살아요.

따따닥

뜨륵뜨륵

병든 산호초는 조용해요. 그래서 새로운 물고기가 많이 오지 않아요.

과학자들은 병든 산호초에 물고기들이 찾아오면 배설물의 영양분으로 산호초가 더 빠르게 회복될 거라 생각해요.

삐유

따락따락

실험에 따르면, 건강한 산호초의 소리를 녹음해서 틀자 병든 산호초에 물고기가 **두 배**나 더 많이 찾아왔어요.

붕붕

75 '최후의 날 저장고'가…

재난에도 저녁 식사를 제공해요.

북극에 있는 스발바르섬에는 세계에서 가장 큰 씨앗 은행인 '스발바르 국제 종자 저장고'가 있어요. 얼음 속에 있는 이 은행에는 수백만에 달하는 씨앗이 저장되어 있어요. '최후의 날 저장고'라는 별명으로도 불리는 이곳에는 지구에 위기가 찾아왔을 때를 대비해서 세계에서 가장 중요한 농작물의 씨앗을 저장하고 있어요.

최후의 날 저장고는 노르웨이 정부에서 만들었지만, 씨앗은 세계 곳곳에서 기증받았어요.

저장고에는 **20억** 개가 넘는 씨앗을 저장할 공간이 있어요.

만약 미래에 위기가 찾아와 농작물과 각 지역의 씨앗 저장고가 파괴된다면, 다시 식량을 공급할 수 있도록 스발바르 저장고에 보관된 비상용 씨앗을 되찾아 갈 수 있어요.

많은 현대 농장이 단 한 종류의 작물만 키워요. 이런 방식을 **단일 재배**라고 해요. 이 말은 단 한 번의 위험으로도 키우던 작물이 전멸할 수 있다는 뜻이기도 해요.

장마 때문에 논농사를 모두 망쳤어요. 씨앗이 필요해요!

밀 씨앗을 다시 가져가야겠어요. 가뭄 때문에 먹을 게 하나도 없어요.

새로운 질병 때문에 렌틸콩이 다 죽었어요. 그래서 저장해 둔 씨앗을 꺼내는 중이에요.

우리 지역은 전쟁 때문에 많은 농장이 파괴되었어요. 새로 농장을 만들려면 씨앗이 필요해요.

76 한 사람의 열정으로…
수많은 환경 운동이 일어났어요.

아래에 소개된 사람들이 각각 지구를 구하기 위해 어떤 행동을 하고 어떤 영향력을 끼쳤는지 연결해 보세요.

나는 우리 마을에서 나오는 플라스틱 쓰레기 더미가 걱정되었어요.

땅 주인들은 소를 키울 목장을 만들려고 열대 우림을 베어 내고 있어요. 반면, 우리 지역 사람들은 숲을 보살펴요. 고무를 채취하거나 견과를 수확할 때도요.

치코 멘데스
1970년대, 브라질

나는 농부가 농작물을 재배하는 데 필요한 씨앗을 대기업이 통제하는 것이 걱정되었어요.

이사투 시세이
1990년대, 감비아

반다나 시바
1980년대, 인도

나는 정부가 기후 위기에 맞서서 더 많은 일을 하지 않는 것에 화가 나요.

그레타 툰베리
2018년, 스웨덴

ⓐ 이 환경 운동가는 그 지역의 고유 작물의 씨앗을 모으기 시작했고, 다른 사람도 영향을 받아 동참했어요.

ⓑ 이 환경 운동가는 낡은 비닐봉지로 동전 지갑을 만드는 방법을 개발해 다른 여성에게도 가르쳐 주었어요.

ⓒ 이 환경 운동가는 고무 채취 노동자들과 함께 불도저 앞을 막아섰어요.

ⓓ 이 환경 운동가는 학교 가기를 거부했어요.

기후를 위한 학교 파업

① 1년 안에 세계 수백만 명의 어린이들이 동참했어요.

우리의 미래 프로젝트 / 지금 당장 행동해요! / 학교 파업

② 고무 채취 노동자들은 브라질 정부를 설득해 60곳이 넘는 열대 우림 보호 구역을 만들었어요.

③ 씨앗 은행에 4,000종의 다양한 벼 종자를 안전하게 저장하고, 농부들이 자유롭게 이용할 수 있어요.

④ 수백 명에 이르는 감비아 여성들이 플라스틱 쓰레기를 모아 재활용품을 만들어 생계를 꾸려 가요.

정답 = ⓐ 치포 : c2 / ⓑ 아니타 : b4 / ⓒ 치코 : a3 / ⓓ 그레타 : d1.

77 얼음에 갇힌 배는…

훌륭한 연구 기지가 돼요.

해마다 겨울이면 북극해의 넓은 지역이 얼어붙어 표면에 해빙 층을 이루어요.
1970년대부터 북극은 점점 더 따뜻해져서 해빙의 양이 반으로 줄어들었어요.
그 이유를 알기 위해 과학자들은 직접 배를 타고 들어가 얼음에 갇혀 1년 동안 배에서 실험을 했어요.

배가 노르웨이에서 출발해 북극으로 향했어요.

북극

북쪽으로 깊숙이 들어가 얼음물에 다다르자 배를 멈췄어요.
바다가 얼어붙으면서 배는 얼음에 갇혔어요.

꼼짝없이 갇혔어요!

결국, 얼음이 배를 완전히 둘러쌌어요. 웬만큼 큰 도시보다 더 넓은 지역이 얼어붙었어요.

연구원들은 배에서 살며 배에 장비와 물품을 저장했어요.

연구원들이 조사 및 연구를 위해 얼음에 캠프를 설치했어요.

우리는 왜 북극이 따뜻해지는지 연구하고 있어요.

우리는 바다의 화학적 성질이 어떻게 변화하는지 살펴보고 있어요.

다음 역은 가 봐야 알아요.

해빙은 쉬지 않고 떠다니고, 해빙에 갇힌 것은 무엇이든 해빙과 함께 떠다니지요.
과학자들이 처음에 얼음에 갇혔을 때, 이 실험이 정확히 어디에서 끝날지 아무도 몰랐어요.

78 배고픈 염소가…

산불이 번지는 걸 막을 수 있어요.

지구가 뜨거워지면서 더 자주 산불이 걷잡을 수 없이 일어나 야생 동물을 죽이고 보금자리를 파괴하고 있어요. 산불이 번지는 것을 막기 위해 식물을 없애서 **방화대**라는 빈터를 만들어요. 바로 염소를 이용해서요.

산불 예방을 위해서 염소를 풀어놓아 풀, 덤불, 수풀을 우적우적 먹어 치우게 해요.

만약 산불이 시작되도 불이 번질 가능성이 적어요. 불에 탈 만한 것들을 염소가 많이 먹어 치웠기 때문이지요.

하지만 염소의 힘만으로는 감당하기 어려운 큰 산불도 있어요. 때로는 소방관이 일부러 불을 놓아서 초목을 조심스럽게 태우기도 해요.

방화대를 만드는 또 다른 방법은 나무를 베는 거예요.

날씨가 계속 더워지고, 더욱 건조해지는 *이유는* 기후 위기 때문이에요. 기후 위기에 대처하지 않는 한 산불을 통제하기는 갈수록 어려워질 거예요.

79 우주에 가 보면…

지구를 더 소중히 생각하게 돼요.

우주선에서 본 지구는 까만 우주에서 소용돌이치는 푸른 공처럼 보여요. 생명으로 가득 차 있어 아름답지만 연약해 보이지요. 많은 우주 비행사가 아득히 먼 곳에서 지구를 바라본 후 삶이 바뀌었다고 말해요. 이런 경험이 지구를 구하는 일에 더욱 열중하게 만들었다고 해요.

우주 비행사들이 보고한 가치관 변화를 **조망 효과**라고 해요.

우주 비행사들은 지구의 전체 모습, 즉 아름다운 모습과 훼손된 모습을 둘 다 볼 수 있어요.

산불

대기 오염

녹는 해빙

잘려 나간 숲

진짜로 우주에 나가려면 이산화탄소를 어마어마하게 많이 내보내게 돼요. 그래서 네덜란드 우주 비행사 출신인 **안드레 카위퍼르스**는 어린이가 **가상 현실(VR)**로 우주 비행을 할 수 있는 프로젝트를 운영해요.

사람들이 가상 현실 헤드셋을 착용하면, 실제 우주 비행사와 똑같이 보고 들을 수 있어요. 지구를 떠나지 않고도 조망 효과를 경험할 수 있지요.

80 더 높거나 더 낮게 날면…

더 깨끗하고, 더 시원한 하늘을 유지할 수 있어요.

비행기는 하늘을 날아가면서 종종 꽁무니에 긴 구름 띠를 만들어요.
이런 구름은 비행기가 연료를 태워 일으키는 만큼이나 온난화에 영향을 줘요.
다행히 가까운 곳에 해결책이 있어요.

비행기 엔진에서 뜨거운 공기가 나와
차가운 대기와 부딪치면 얼음 결정이 만든
깃털 같은 구름이 하늘에 생겨요.
이것을 **비행운**이라고 해요.

이런 얇은 구름은 **18시간**까지 지속돼요.
비행운은 낮에도 밤에도 지구에서 내보내는 열을
반사하여 지표면 가까이에 열을 가두어요.

습한 공기

건조한 공기

날마다 수만 대의 비행기가 비행하면서
이런 가열 효과는 빠르게 증가해요.
하지만 비행 높이를 약간만 조절해도
피할 수 있어요.

비행운은 대부분 **습한 공기**가 좁은 띠처럼
모인 공간을 비행기가 날아갈 때 생겨요. 따라서 조종사가
비행 높이를 바꾼다면 구름이 더 생기지 않게 할 수 있어요.
그러면 지구가 더 뜨거워지는 일을 막을 수 있지요.

물론 가능한 한 비행하지 않는 것이
환경에 가장 좋아요.

81 충분한 서명만이…
지구에 필요한 전부일지도 몰라요.

지구를 구하는 가장 효과적인 몇몇 변화는 많은 나라가 조약에 서명한 이후에 일어났어요.
조약은 여러 나라가 새로운 법에 따르고, 법을 어길 때는 벌을 받는다는 것에 동의하는 거예요.

조약에 서명한 나라들은 다음과 같은
국제 조약을 지키기로 약속했어요.

사이테스 협약(1973년)에 지금까지 **183개국** 서명.

멸종 위기에 처한 동식물은 어떤 것도 사거나 팔지 않는다.
이에 속한 종을 팔려고 하는 나라와는 교역을 중단한다.
결과 : 현재 멸종 위기종이 3만 5,000종까지 보호받고 있어요.

해양 오염 방지 조약(1983년)에 지금까지 **156개국** 서명.

기름과 폐수 저장 탱크를 배에 별도로 설치한다.
바다에 기름 탱크를 비우지 않는다.
이 기준에 미치지 않는 배는 사거나 팔지 않는다.
결과 : 전체 배의 95퍼센트 이상이 이 기준을 따라,
바다 오염을 줄이고 있어요.

몬트리올 의정서(1986년)에 지금까지 **197개국** 서명.

'염화불화탄소(CFC)'라는 오염 가스를 사용하는 제품은 만들거나 팔지 않는다.
염화불화탄소를 팔려는 나라와는 교역을 중단한다.
결과 : 염화불화탄소 생산을 거의 완전히 멈췄어요.
직접적인 결과로, '오존층'이라는 지구 대기 일부에
나 있던 구멍이 저절로 회복되었어요.

지구를 구하는 일과 관련하여 만들어진 조약은 750개가 넘어요. 하지만 많은 나라가 지키기로 서명한 조약은 고작 일부에 지나지 않아요. 왜 더 많은 나라가 서명하지 않을까요? 공정하면서 모두가 이룰 수 있다고 인정하는 조약을 만들기가 어렵기 때문이에요. 이런 조약을 지키며 사는 사람들은 지구를 구하는 영웅이에요.

82 플라스틱을 먹는 박테리아는…

플라스틱 물병을 먹고살아요.

전 세계에서 1분마다 약 백만 개에 이르는 플라스틱 물병이 팔리고, 그중에 90퍼센트가 버려져요. 사용한 물병을 재활용해서 새로운 물병으로 만들 때도 대기 중에 많은 이산화탄소를 내보내요. 그런데 그 과정을 덜 해롭게 해 줄지도 모르는 박테리아가 있어요.

83 미래의 고층 빌딩은…

나무로 지어질 수 있어요.

현대 고층 빌딩은 콘크리트와 강철로 만들어져요. 하지만 이런 재료를 만들 때 탄소가 어마어마하게 나와요. 그래서 몇몇 건축가는 고대 건축에 쓰인 재료인 나무로 돌아가고 있어요.

일반 목재는 충분히 튼튼하지 않아요. 하지만 특수 가공된 목재는 고층 건물을 지을 수 있을 만큼 강해요. 가공 목재는 각 나무의 결이 서로 직각을 이루도록 겹겹이 붙여 만들어서 굉장히 튼튼하지요.

목재 빌딩은 가볍고 튼튼해서 거대한 콘크리트 기초나 철골이 필요 없어요. 목재 빌딩은 강력한 지진을 견디고, **270도**의 높은 온도도 버틸 수 있어요. 이 정도 온도에서는 콘크리트와 강철은 녹기 시작해요.

좋은 점이 또 있어요. 나무는 성장하는 동안 탄소를 저장해요(34쪽 참고). 만약 목재가 건축에 쓰인다면, 탄소는 수십 년 동안 나무에 그대로 갇혀 있을 거예요.

84 버려진 크리스마스트리가…

1월에 새 삶을 찾아요.

전구 달린 선과 장식물을 떼어 낸 크리스마스트리는 1월에 어떻게 될까요? 어떤 사람은 크리스마스트리를 버리지 않고, 동물을 보호하거나 허약해진 생태계를 지키는 데 사용해요.

미국 일리노이주에서는 매년 크리스마스트리를 기부받아 호수와 저수지 바닥에 넣어요.

나무가 서서히 썩어 가면서, 나뭇가지들은 물 속 동물들에게 쉼터와 보금자리를 제공해요.

물고기 알

작은 물고기

달팽이

해조류

미국 노스캐롤라이나주에서는 공원 관리인들이 버려진 크리스마스트리를 바닷가에 놓아요.

크리스마스트리의 나뭇가지들은 모래가 흩날려 가지 않도록 붙잡아서 모래언덕이 허물어지지 않게 해 줘요. 덕분에 해안선이 그대로 유지돼요.

85 스라소니는…

눈 표본으로 찾을 수 있어요.

캐나다스라소니처럼 어떤 동물들은 야생에서 추적하기가 어려워요. 그래서 보호하기도 힘들지요. 하지만 **eDNA**라고도 하는 **환경 DNA** 덕분에 과학자들은 동물이 어디에 사는지 직접 찾을 필요가 없어졌어요.

으으으, 추워.

캐나다스라소니는 혼자서 지내고, 밤에 사냥하고, 사람을 보면 숨기 때문에 눈에 띄는 경우가 극히 드물어요.

건초 더미에서 바늘 찾기 같네요.

하지만 동물은 모두 오줌, 똥, 피부 세포와 털 등으로 DNA 흔적을 남겨요. DNA는 모든 생물이 고유하게 지니는 유전 정보예요.

눈이나 흙, 물에 남긴 유전 정보를 eDNA라고 불러요. 북아메리카에서 스라소니를 쫓는 과학자들은 동물 발자국 주위에서 눈을 퍼 담아, 스라소니가 남긴 흔적이 맞는지 눈 표본에서 eDNA를 분석해요.

환경 보호 활동가들은 직접 만날 수 없는 다양한 동물들을 보호하기 위해서 이런 방법을 활용해요.

멈춰요! 이곳에 스라소니가 살아요.

또한 뒤를 추적하는 사람과 접촉하지 않기 때문에 동물들도 스트레스를 적게 받아요.

86 클로버를 짓밟는 것이…

클로버를 보호하는 가장 좋은 방법이에요.

'러닝 버펄로 클로버'는 북아메리카 몇몇 장소에서만 발견되는 희귀 식물로, 멸종 위기에 처해 있었어요. 그러자 환경 보호 단체는 이 클로버를 구하기 위해 약간 창의적이고, 조금은 파괴적인 생각을 해냈어요.

'러닝 버펄로 클로버'라는 이름은 야생 버펄로 떼가 흙을 뒤엎고 짓밟으며 달려도 클로버가 쑥쑥 잘 자라서 붙여졌어요. 하지만 1900년대에 사냥꾼들이 버펄로 떼를 전멸시키자, 클로버도 덩달아 멸종될 뻔했어요. 다행히 일부 환경 운동가가 러닝 버펄로 클로버를 되살릴 방법을 알아냈어요.

환경 운동가들은 커다란 차량을 몰고 다니며, 버펄로 발굽이 내던 효과를 흉내 냈어요. 몇 년마다 클로버가 자라는 땅 위를 달려 흙을 뒤엎으면서, 이 식물을 멸종 위기에서 구해 내고 있어요.

87 초대형 풍력 터빈

높이가 75층 건물만 해요.

풍력 터빈이 크면 클수록 더 많은 바람 에너지가 전기로 바뀔 수 있어요. 그래서 지난 수십 년 동안 기술자들은 풍력 터빈을 더 높고 더욱더 커다랗게 설계해 왔어요.

풍력 터빈 날개(블레이드)가 길어질수록 날개가 회전할 때마다 발생하는 전력이 더 많아져요.

1990년에 가장 커다란 풍력 터빈은 높이가 **50미터**였어요. 2017년 무렵, 가장 커다란 풍력 터빈은 **246미터**로, 고층 빌딩 75층 높이에 이르렀어요.

간조 흐름

88 빛의 여러 색조는…

식물을 더욱 잘 자라게 해요.

세계 인구가 늘어남에 따라 농사를 짓기 위해 더욱더 많은 땅을 개간하고 있어요.
농부들은 땅을 덜 소모하며 농작물을 키울 더 좋은 방법을 찾고 있어요.
한 가지 방법은 빛을 다양하게 조합하여 활용하는 거예요. 이것을 **빛 레시피**라고 해요.

식물은 성장하는 데 도움이 되는 빛을 흡수해요. **발광 다이오드(LED)**의 다양한 색조가 식물 성장에 각기 다른 영향을 끼친다는 것이 밝혀졌어요.

청색광은…
…식물이 엽록소를 더 많이 생산하게 해요. **엽록소**는 빛으로부터 에너지를 얻는 데 쓰이는 물질이에요.

적색광은…
…식물이 자라는 속도를 높여 줘요.

원적색광은…
…과일이 더욱 빨리 익도록 도와줘요.

초록색과 노란색 빛은…
…식물이 대부분 반사해요. 그래서 식물에게는 별 쓸모가 없어요.

자외선은…
…식물에 해로워요. 자외선을 없애면 식물이 자라는 데 도움이 돼요.

보라색 빛은…
…**항산화제**를 더 많이 생산하게 해요. 항산화제는 세포가 손상을 입지 않도록 보호하는 물질이에요.

89 거대한 공기정화기 탑이…

하늘에서 스모그를 빨아들여요.

자동차와 공장은 건강을 해치는 나쁜 가스와 먼지를 뿜어내어 공기를 오염시켜요. 그런데 네덜란드의 한 기업은 탑 형태의 공기정화기를 만들어 주위에 있는 더러운 공기나 **스모그**를 실제로 깨끗이 없앨 수 있었어요.

스모그가 빨려 들어가요.

작은 먼지가 탑 안쪽에 들러붙어요.

깨끗한 공기를 밖으로 내보내요.

탑에 먼지가 가득 차면, 깨끗이 청소해요.

여기가 바로 이 도시에서 최고의 소풍 장소예요.

탑 주위로 **20미터** 안쪽은 공기가 **70퍼센트**까지 더 깨끗해요.

이와 비슷한 기술을 자전거에서 쓸 수 있도록 개발하고 있어요.

손잡이에 설치된 장치가 더러운 공기를 빨아들이고…

…자전거를 탄 사람의 얼굴로 깨끗한 공기를 내보내요.

90 돛, 연, 거품은…

공기 오염을 줄이는 데 도움을 줄 수 있어요.

거의 모든 화물선은 중유나 경유로 엔진을 움직여요. 이런 연료는 이산화탄소와 황 같은 오염 가스를 뿜어내요. 하지만 분명 오염 가스를 줄이는 다른 방법이 있을 거예요.

전 세계에서 **5만 3,000척**이 넘는 상선이 운항하고 있어요. 상선은 돈을 받고 짐을 나르고 승객을 태워 주는 배예요.

이와 더불어, 해마다 상선이 내보내는 이산화탄소는 전 세계 이산화탄소 배출량의 **5퍼센트**까지 이르러요. 비행기보다도 더 많은 양이지요.

이런 **산적 화물선**은 곡식과 고철 같은 상품을 실어 날라요.

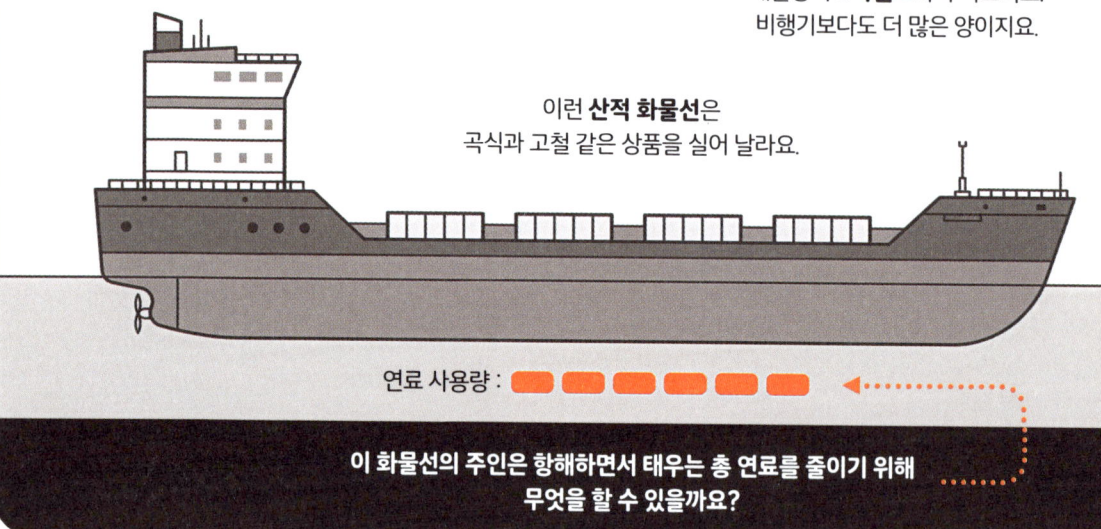

이 화물선의 주인은 항해하면서 태우는 총 연료를 줄이기 위해 무엇을 할 수 있을까요?

다음과 같은 방법이 있어요.

개조하기

배 폭을 좁히기
배가 길고, 좁으면 물살을 가르기가 더 쉬워서 필요한 연료가 줄어들어요.

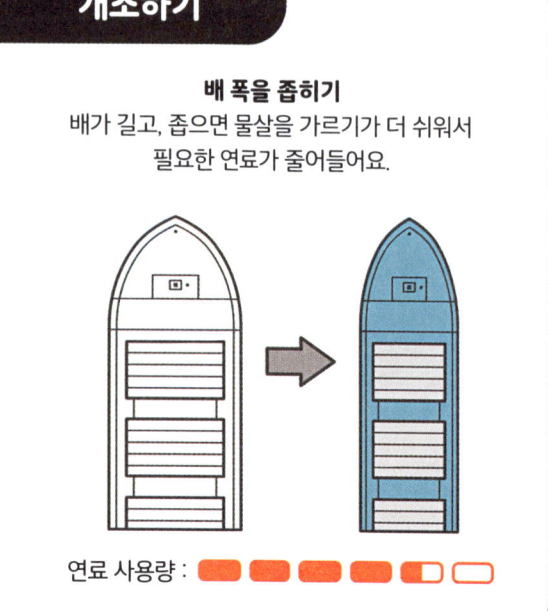

연료 사용량: 🟧🟧🟧🟧🟧⬜

배에 돛 달기
화물선에 비행기 날개 같은 단단한 돛을 달 수 있어요. 돛은 컴퓨터에 의해 움직이고, 바람이 잘 불 때는 엔진 대신 배를 움직여요.

연료 사용량:

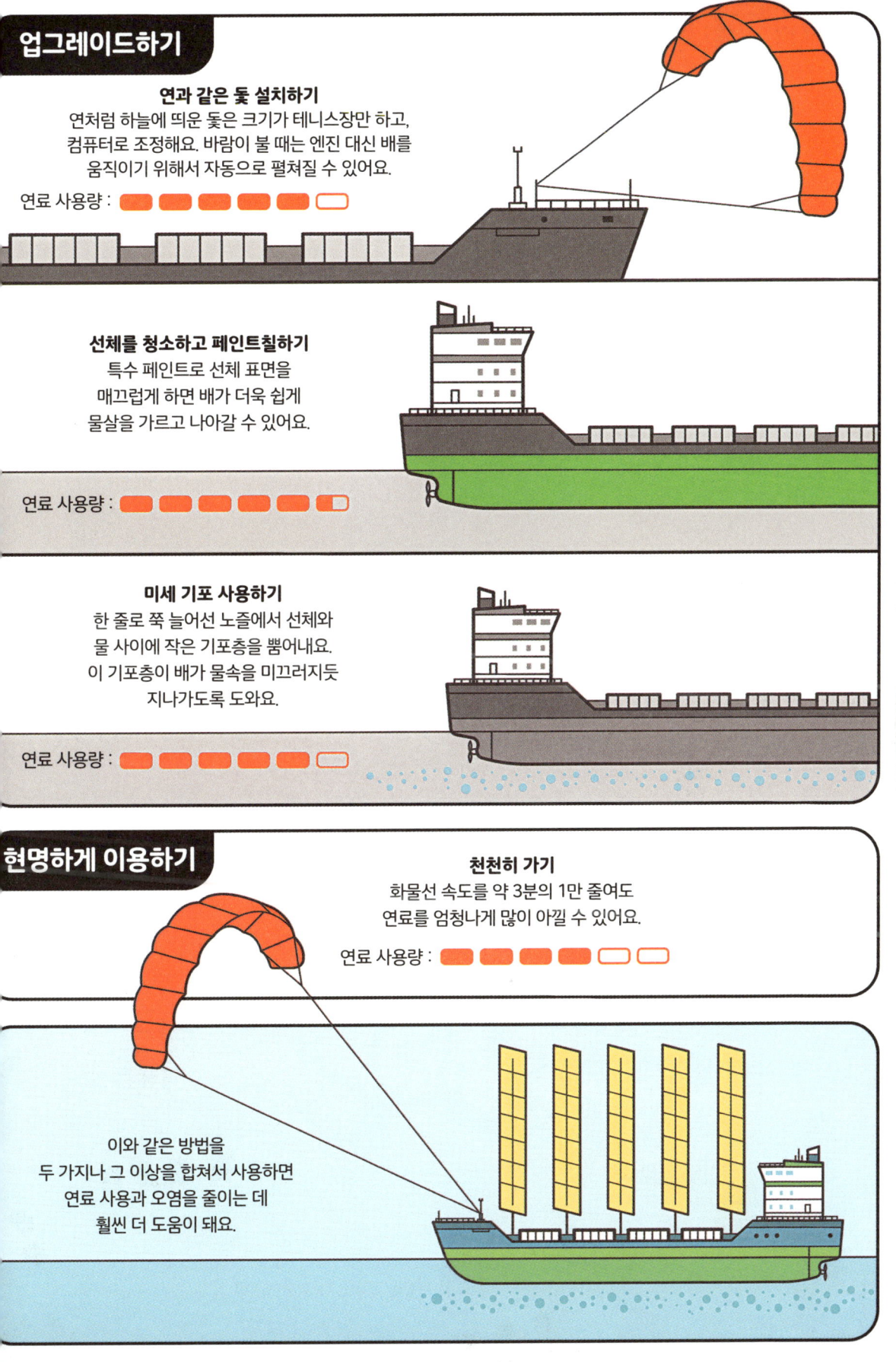

91 쥐를 죽이면…

산호초를 구할 수 있어요.

산호초는 전 세계의 바다에서 생존에 위협을 받고 있어요. 하지만 일부 산호초를 멸종에서 구할 방법이 있을지도 몰라요. 심지어 해결책이 육지에 있을 수 있지요.

과학자들은 산호초가 건강한 비결 중 하나로, 산호초 가까이에 바닷새가 많이 사는 섬이 있다는 사실을 알아냈어요.

하지만 섬에 사람이 살기 시작하자, 바닷새의 천적인 쥐도 사람을 따라 섬에 들어왔어요.

바닷새는 영양이 풍부하고, 냄새나는 배설물로 섬을 비옥하게 해요.

쥐는 새와 새알을 먹어 치우며, 바닷새의 전체 수를 뚝 떨어뜨렸어요.

새 배설물의 영양분이 비에 씻겨 물속으로 들어가요.

바닷새의 수가 훨씬 줄어들자, 바다로 들어가는 영양분도 훨씬 적어졌어요.

이런 영양분은 산호초를 건강하게 유지해 주는 물고기나 해초, 해면, 조류들의 먹이가 돼요.

그 결과, 물고기가 줄고 산호초는 더 허약해졌어요.

한 연구에 따르면, 쥐가 없는 섬은 쥐가 우글거리는 섬보다 **새가 760배 더 많고, 물고기는 50퍼센트가 더 많으며,** 산호가 훨씬 더 많으면서 훨씬 **더 건강**하대요. 사람들은 세계에서 550개가 넘는 섬에 덫을 놓거나 독을 써서 쥐를 없애는 데 성공했어요.

92 쥐를 죽이는 건 잘못일까요…

아닐까요?

인간은 온갖 환경 문제를 일으켜 왔어요. 이 문제들을 해결하기란 결코 쉽지 않아요. 겉으로는 해결이 간단해 보여도, 복잡한 문제와 도덕적 딜레마를 가져올 수 있어요. 다음 예를 살펴봐요.

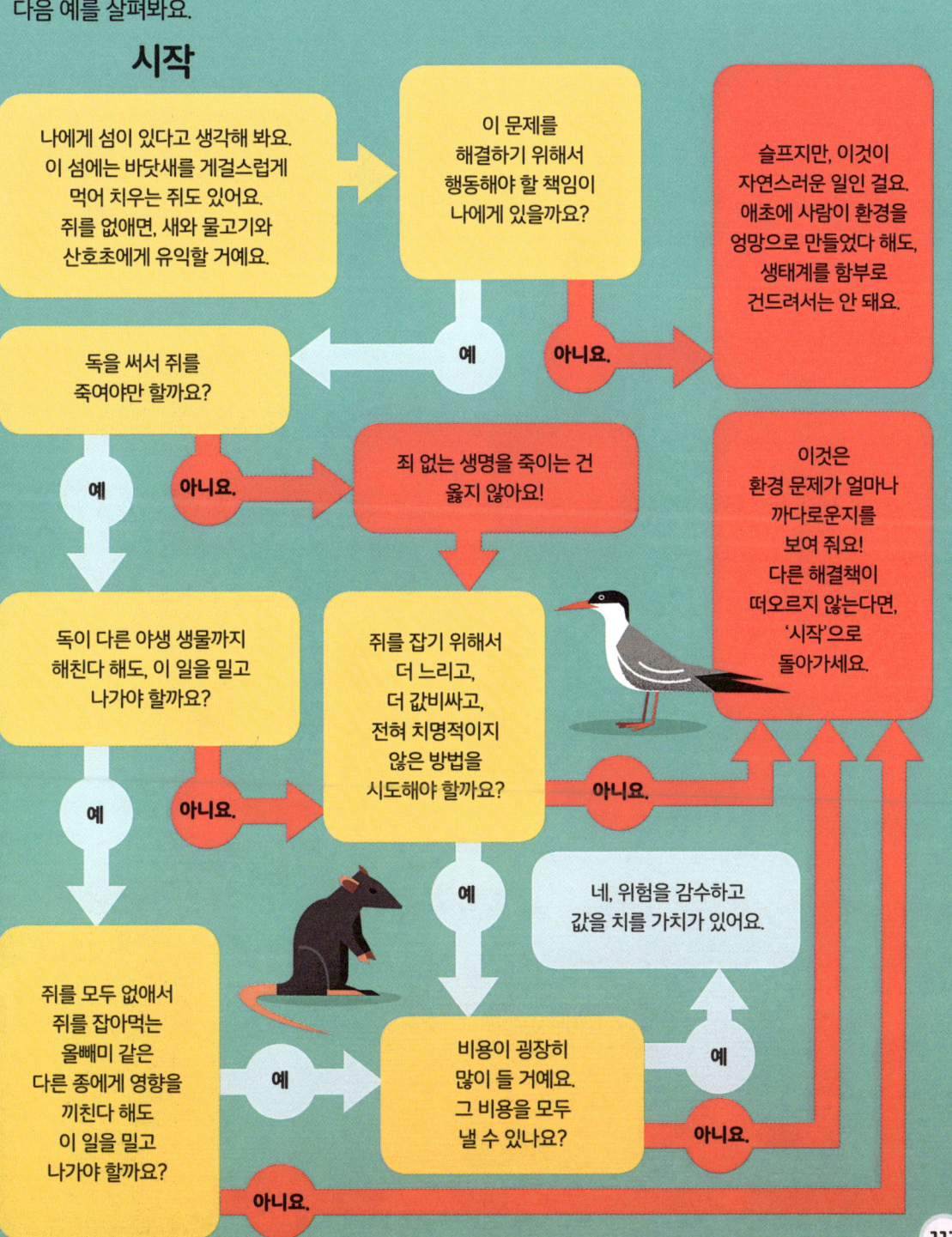

93 초록빛 잔디밭은...

전혀 '친환경'이 아니에요.

우리는 예쁘게 깎은 잔디밭을 흔히 볼 수 있어요. 하지만 잔디밭을 유지하는 건 좋은 점보다는 나쁜 점이 더 많아요. 초록빛 공간에 야생의 삶을 조금 보태는 쪽이 환경에 훨씬 더 좋아요.

잔디를 깎으면 곤충과 동물의 보금자리를 파괴할 수 있어요.

잔디 깎는 기계에 쓰이는 연료는 해로운 이산화탄소를 내뿜어요.

잔디밭을 초록색으로 유지하기 위해서, 어마어마한 양의 물과 화학 비료를 써야 해요.

비료는 야생 동물을 해치고, 위험한 온실가스인 **아산화질소**로 분해돼요.

잔디밭 대신 그 지역에서 자라는 야생화나 관목, 나무 등을 자라게 해요. 비료 없이도 잘 크고, 물도 덜 필요하지요.

식물은 동물과 곤충에게 보금자리와 먹을거리를 제공해요.

94 아무것도 하지 않으면…

야생 동물에게 보금자리를 되돌려줄 수 있어요.

멈춰요! 삽과 갈퀴, 원예용 가위를 치우고, 그냥 낮잠이나 자요. 정원과 공원 같은 바깥 공간을 방치해 두면, 오히려 야생 동물이 먹을 음식과 쉴 보금자리가 더 늘어날 수 있어요.

> 썩은 통나무 더미를 치우지 마세요.
> 우리가 시원하고 축축한 나무를
> 집으로 삼을 거예요.

> 마른 꽃을 잘라 내지 마세요.
> 우리가 속이 빈 줄기에
> 들어가 살 거예요.

> 우리는 겨울 내내 마른 꽃의
> 씨앗을 먹으며 지낼 거라고요.

> 쐐기풀을 베어 버리지 마세요.
> 내가 나비로 변하기 전에
> 나뭇잎을 갉아 먹을 거예요.

> 울타리 밑에 난 구멍을 고치지 마세요.
> 그 구멍으로 내가 여기저기
> 돌아다니거든요.

> 구석에 쌓아 둔 나뭇잎 더미를 치우지 마세요.
> 그 밑에서 아늑하게 잠을 자면서
> 겨울을 보낼 거예요.

95 벌과 나무가…

예전에 탄광에서 일한 광부의 일자리를 만들어요.

지구를 구한다는 말은 석탄을 연료로 사용하지 않는 것을 뜻해요. 그럼 탄광이 문을 닫으면 일자리를 잃은 사람들은 어떻게 될까요? 한 가지 방법은 양봉가로서 일자리를 찾는 거예요.

미국 웨스트버지니아주의 예전 탄광 지역에서 이 프로젝트가 실시되자 수백 명의 사람들이 이 지역으로 돌아오고 있어요.

석탄 산업에서 일하던 사람들이…

…이제는 나무와 식물을 키워요.

그 밖의 사람들은 양봉가로 재교육을 받았어요.

벌은 꽃과 꽃 사이에 **꽃가루**를 퍼뜨리면서 새로운 식물이 자라도록 도와요.

예전에 광부였던 모든 사람들이 이런 방식으로 생계를 꾸려 가지는 못할 거예요. 하지만 석탄을 태양열과 풍력으로 대체하면 또 다른 일자리가 생겨날 거예요.

96 나무를 껴안아서…

숲을 구했어요.

1974년 3월, 인도 북쪽의 차몰리라는 곳에 나무를 베러 온 사람들이 숲 입구에 도착했어요. 하지만 나흘 뒤, 이 사람들은 다시는 이 숲에 돌아오지 않기로 약속하고 떠나갔어요. 말 그대로, 지역 주민들이 나무를 껴안고 벌목 작업을 막았기 때문이에요.

우리는 지난 4년 동안 산사태와 홍수에 시달려 왔어요. 모두 땅을 단단히 지탱해 주던 나무가 잘려 나갔기 때문이에요.

우리 나무에서 손을 떼요!

우리 마을이 안전하려면 이 나무들이 꼭 있어야 해요.

1980년, 수년 동안 시위한 끝에 인도 총리는 숲이 다시 자랄 수 있도록 앞으로 15년 동안 이 지역의 나무를 베는 것을 금지했어요.

이 시위는 인도 전역과 세계 곳곳에 알려졌어요. 이후로, 세계 곳곳에서 숲을 지키기 위해 나무를 껴안는 사람들이 늘어났어요.

97 미래 도시들은…

'스마트' 창과 '키네틱' 타일을 활용할 거예요.

도시는 많은 에너지 낭비와 이산화탄소 배출에 대해서 최대 **70퍼센트**는 책임이 있어요. 과학자와 도시 계획가는 이미 도시들이 이산화탄소를 덜 배출하고 에너지를 더욱 효율적으로 쓸 많은 방법을 개발하고 있어요. 그중 몇 가지 방법은 아래와 같아요.

초록색 지붕과 **초록색 벽**은 옥상과 건물 측면에 마련한 정원이에요.

식물은 공기 중에서 이산화탄소를 흡수해요. 게다가 식물은 방음 효과와 건물에 단열 효과도 내요.

창문은 **스마트 유리**라는 물질로 만들 수 있어요. 스마트 유리는 날씨에 따라 건물에 열을 가두거나 내보내요.

자동차는 **폐식용유**로 달리도록 개조할 수 있어요. 화석 연료보다 환경을 덜 오염시키고, 음식물 쓰레기를 재활용하는 방법이기도 해요.

전기 버스는 화석 연료로 달리는 버스보다 온실가스를 덜 내보내요.

키네틱 타일은 사람이 타일을 밟고 걸어갈 때 전기가 발생하도록 만들어졌어요.

98 불타는 강은…

환경 운동에 불을 지폈어요.

1960년대 무렵, 미국 전역에서 사람들은 산업공해가 일으킨 폐해를 알아차리기 시작했어요. 강에 불이 나는 등 환경 재해를 여러 번 겪은 뒤, 사람들은 변화를 요구하기 시작했어요.

1860년대부터 미국 오하이오주 클리블랜드에 있는 쿠야호가강에 자주 불이 났어요. 가까운 공장에서 나온 기름과 쓰레기로 강이 뒤덮였기 때문이에요. 시민들은 그 불길을 도시의 산업이 번창하는 증거라고 생각했어요.

1969년, 강에 또다시 불이 붙었어요. 비슷한 시기에 미국 곳곳에서 환경 재해가 많이 발생했어요.

사람들은 정부에 대책을 요구하는 시위를 벌였어요.

1970년, 미국 정부는 환경보호청을 설립했어요.

미국 환경보호청은 산업에 사용할 수 있는 화학 물질과 오염 물질을 제한하고, 사람의 건강과 자연환경을 보호하는 법을 만들었어요.

오늘날, 쿠야호가강은 깨끗하고 야생 동물로 가득해요.

99 나무 탐정이…

불법 벌목에 맞서 싸워요.

숲을 건강하게 유지하기 위해서 벌목꾼이 특정 종류의 나무는 베지 못하게 하는 법이 있어요. 하지만 사람들이 이 법을 종종 어겨요. 그래서 과학적으로 범죄자를 단속하는 나무 탐정이 있어요.

합법적으로 자른 나무에는 증명서가 있어요. 그런데 때때로 증명서를 위조하기도 해요. 이럴 때는 **DNA 검사**가 필요해요.

모든 생물은 서로 다른 DNA를 지녀요. DNA에는 생물이 어떻게 자랐는지를 나타내는 암호가 들었어요.

나무 탐정은 나무의 DNA를 나무 DNA 보관소에 등록된 표본과 비교해요.

이런 방식으로 나무의 종류와 나무가 잘려 나온 숲의 위치를 확인할 수 있어요.

경찰에 신고해요! 이건 마다가스카르섬에서 자라는 로즈우드예요. 이 나무를 잘라서 해외에 파는 건 불법이에요.

100 인간은 달에 착륙할 정도인데…

왜 기후 위기는 해결하지 못할까요?

한때 사람이 달에서 걷는다는 건 완전히 꿈 같은 이야기였어요. 하지만 1969년에 실제로 사람이 달 위를 걸었지요. 이제 우리는 또 다른 거대한 도전을 마주하고 있어요. 바로, 기후 위기를 해결할 방법을 찾는 거예요. 일부 환경 운동가와 경제학자는 정부가 우주 비행사를 달로 보냈듯이 창의적인 생각으로 접근하여 문제를 해결해야 한다고 생각해요. 이것을 **문샷 싱킹**이라고 해요.

가후 위기의 해결 방법을 창의적인 생각으로 접근했을 때 다음과 같은 일이 일어날 수도 있어요.

1969년 7월, 달 착륙이 실현된 여러 요인은 다음과 같아요.

1961년, 미국 대통령인 존 F. 케네디는 달 착륙 프로젝트로 국민들을 들뜨게 했어요.

전 세계 지도자들은 기후를 살리는 것에 자부심을 느끼도록 사람들을 격려하고 밀어줄 거예요.

격려하고 밀어주는 지도자

	현재·미래	과거 (달 착륙)

정박함
- 각 나라는 이산화탄소 배출량을 0으로 만들기 위해 질주할 거예요.
- 미국은 누구보다 먼저 달에 착륙하기 위해 질주하고 있었어요. 케네디 대통령은 미국 항공 우주국이 10년 안에 달에 갈 거라고 약속했어요.

돈
- 각국은 더 해로운 환경친화적인 에너지와 건물 운송 방법을 개발하는 데 막대한 돈을 투자할 거예요. 또한 화석 연료에는 더 이상 돈을 쓰지 않을 거예요.
- 달 착륙 프로젝트에 수십억 달러를 투자했어요.

과학자와 기술자
- 과학자들은 더 좋은 태양 전지판과 풍력 터빈, 전기 자동차 등 새롭고 발전된 발명들을 엄청나게 쏟아낼 거예요.
- 최고의 과학자와 기술자들이 새로운 로켓과 우주선 개발을 최우선으로 연구했어요.

사람들의 열정
- 정부 차원에서 이뤄지는 조치를 보며 수십억 명의 사람들도 이산화탄소 배출을 줄이기 위해 삶을 변화시킬 거예요.
- 전 세계 6억 명이 우주선이 달에 착륙하는 광경을 텔레비전으로 보았어요.

위 내용 중 몇 개는 바로 지금, 몇몇 곳에서 실제로 일어나고 있어요. 하지만 문샷 성공으로 이런 일이 더욱 광범위하고 훨씬 빠르게 일어나도록 할 수 있어요.

날마다 열 가지 행동을 실천하면…

지구를 구하는 데 도움이 될 거예요.

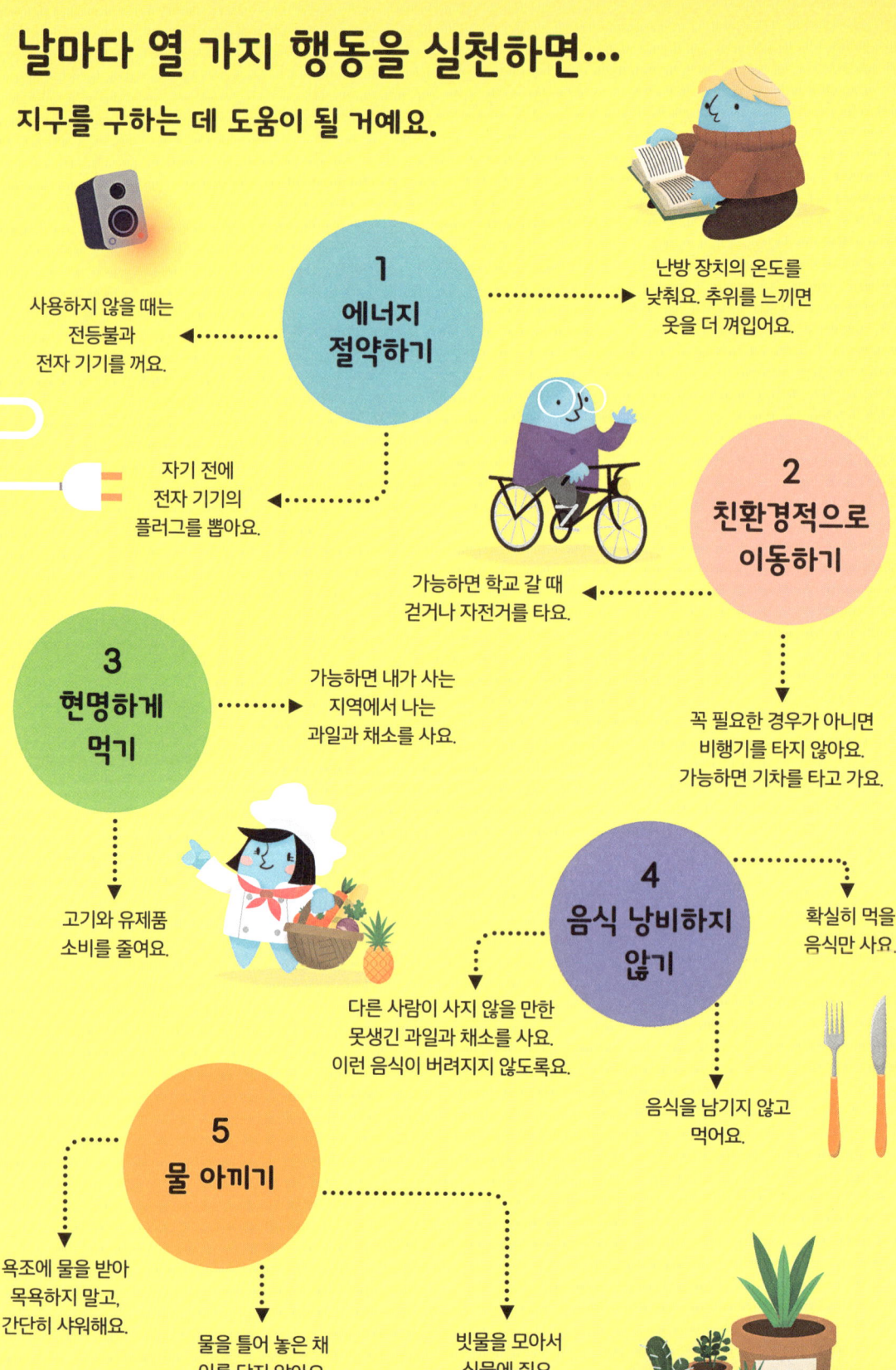

1 에너지 절약하기
- 난방 장치의 온도를 낮춰요. 추위를 느끼면 옷을 더 껴입어요.
- 사용하지 않을 때는 전등불과 전자 기기를 꺼요.
- 자기 전에 전자 기기의 플러그를 뽑아요.

2 친환경적으로 이동하기
- 가능하면 학교 갈 때 걷거나 자전거를 타요.
- 꼭 필요한 경우가 아니면 비행기를 타지 않아요. 가능하면 기차를 타고 가요.

3 현명하게 먹기
- 가능하면 내가 사는 지역에서 나는 과일과 채소를 사요.
- 고기와 유제품 소비를 줄여요.

4 음식 낭비하지 않기
- 확실히 먹을 음식만 사요.
- 다른 사람이 사지 않을 만한 못생긴 과일과 채소를 사요. 이런 음식이 버려지지 않도록요.
- 음식을 남기지 않고 먹어요.

5 물 아끼기
- 욕조에 물을 받아 목욕하지 말고, 간단히 샤워해요.
- 물을 틀어 놓은 채 이를 닦지 않아요.
- 빗물을 모아서 식물에 줘요.

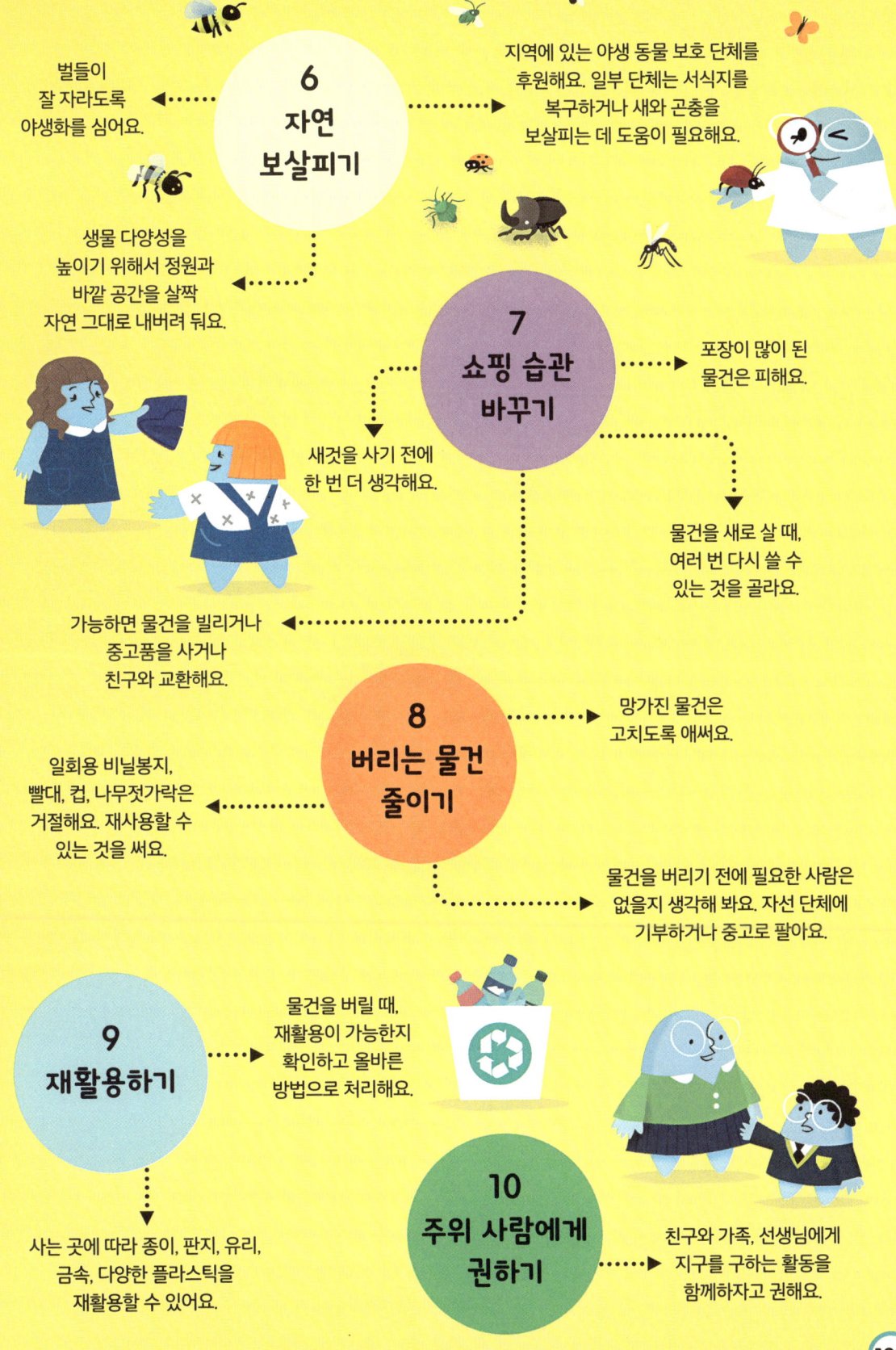

낱말 풀이

이 책에 실린 중요한 단어들의 뜻을 풀어 놓았어요.
*이탤릭체*로 나타낸 단어는 따로 풀이가 실려 있답니다.

DNA 생명체가 어떻게 자신을 만들었는지 알려 주는 화학 규칙.

국립 공원 동식물을 보호하기 위해 법으로 지정한 구역. 자연 보호 구역 또는 보호 구역이라고도 말해요.

기름 유출 화석 연료인 기름이 주변 환경으로 흘러나오는 일. 특히 바다로 흘러나와, 바다에 사는 생물을 해쳐요.

기후 변화 시간이 흐름에 따라 지구의 *기후*가 보이는 변화.

기후 위기 *기후 변화*가 지구에 막대하게 그리고 광범위하게 끼치는 부정적인 영향.

기후 일정한 지역에서 일반적이거나 평균적으로 보이는 날씨 상태.

단열재 열 또는 소리를 잃거나 낭비되지 않도록 막아 주는 물질.

단일 재배 밭이나 농장에서 농작물을 한 종류만 재배하는 것.

대기 지구를 둘러싼 기체의 혼합물.

매립지 재활용하거나 퇴비로 만들 수 없는 쓰레기를 버리는 곳. 이곳에 버려진 쓰레기는 수백 년 동안 그대로 있기도 해요.

멸종 생물의 한 종류가 아예 없어지는 것. 마지막 한 개체까지 죽은 생물 종은 멸종할 거예요.

멸종 위기종 멸종할지 모를 위험에 처한 종.

물 발자국 무언가를 만들거나 생산할 때 들어간 깨끗한 물의 양.

미세플라스틱 5밀리미터보다도 더 작은, 작디작은 플라스틱 조각. 환경 곳곳에 스며들어 미세플라스틱을 먹은 동물에게 해를 끼쳐요.

박테리아 전 세계에서 발견되는 작디작은 생물.

배기가스 엔진에서 *대기* 중으로 뿜어 나오는 온실가스 같은 가스.

배터리 에너지를 저장하고, 전기를 사용하는 물체를 작동시키는 장치.

보존 여러 종과 종이 살아가는 환경을 보호하여 남기려는 노력.

비료 식물이 자라도록 흙에 보탤 수 있는 물질.

산불 숲이나 초원에서 걷잡을 수 없이 타오르는 불.

삼림 벌채 숲의 넓은 지역에서 나무를 베어 내고 불태우는 일.

생물 다양성 어떤 한 장소에 있는 동식물의 종이 여러 가지로 많은 것.

생분해성 시간이 흐르면서 분해되어 환경에 흡수되는 물질.

생태계 식물과 동물 그리고 이들이 사는 환경의 공동체.

서식지 동식물의 종이 살아가는 곳.

연료 특히 차량을 이용하기 위해 에너지를 발생시키려고 태우는 것.

연료 효율성 장치 또는 차량이 연료를 에너지로 잘 변환시키는 정도. 연료 효율성이 높다는 말은 연료 낭비가 덜하다는 뜻이에요.

영양분 영양을 제공하고, 유기체가 살아가고 자라나는 데 도움을 주는 물질.

오염 쓰레기나 먼지, 자동차에서 나오는 배기가스처럼 해로운 물질이 환경을 더럽히는 일.

온실가스 *대기*에 열을 가두는 가스. 온실가스에는 이산화탄소와 메탄 등이 있는데 기후 변화를 일으키는 주요 요인이에요.

유기체 식물, 동물, 균류, 박테리아와 같은 하나의 생명체.

이주 한 곳에서 다른 곳으로 옮겨 사는 일. 많은 동물이 철마다 짝이나 먹이를 찾기 위해 이주해요.

일회용 플라스틱 딱 한 번 사용한 다음 매립지에 버려지는 플라스틱 물건이나 플라스틱 포장재.

재생 에너지 태양 전지판 또는 풍력 터빈처럼, 절대 닳지 않는 원천으로 발생시키는 에너지.

재활용 사용한 물건을 새것으로 바꾸는 것.

전기 에너지의 일종. 텔레비전과 컴퓨터부터 전등과 기차까지 여러 가지 것을 작동시키는 데 쓰여요.

조류 미역 같은 식물 유기체. 대개 물속이나 물 가까이에서 자라요.

조약 두 나라 이상이 서명한 서로의 권리와 의무에 관한 결정.

종 식물, 동물, 그 밖의 생물을 분류하는 기초 단위.

채굴 화석 연료와 그 밖에 광물을 땅속에서 캐내는 것.

친환경 환경에 많은 손상을 가하거나 오염을 일으키지 않고 환경과 잘 어우러지는 것을 가리키는 말이에요.

침입종 다른 환경에서 들어와 원래 살고 있던 동물과 식물에게 피해를 끼치는 종.

탄광 석탄을 캐내는 광산.

탄소 발자국 무언가를 만들거나 무엇을 하는 과정에서 배출하는 이산화탄소의 양.

탄소 수없이 다양한 분자를 형성하는 화학 원소로 지구 생명체의 구성 요소.

탄소 저장 대기로 빠져나간 이산화탄소를 저장하는 것. 종종 나무 또는 식물이 성장하는 데 탄소를 활용해요.

태양 전지판 태양열을 전기나 열로 바꾸는 에너지 발전기.

퇴비 독성을 전혀 남기지 않고, 완전히 생분해된 물질.

풍력 터빈 바람의 움직임을 전기로 바꾸는 에너지 발전기.

플라스틱 어떤 모양으로도 만들어질 수 있고, 보통 오래도록 유지되는 재료.

해수면 육지와 만나는 바다 표면의 평균 높이.

화석 연료 석탄, 기름, 가스 등 생물이 남긴 화석에서 만들어진 연료. 화석 연료를 태우면 에너지를 얻을 수 있지만 온실가스도 배출돼요.

환경 생명체가 살아가는 주위 상태.

찾아보기

DNA 102, 119

ㄱ

가스 28
가죽 12, 52
거름 23, 59, 74, 112
거북 32-33
게 80
고래 40-41
골프 70-71
구름 83, 97
국립 공원 13, 19, 23, 30-31
굴 76-77
귀뚜라미 84-85
그레타 툰베리 92-93
극지방 5, 56-57, 76-77, 94
기름 26-28, 98, 118
기름 유출 26-27
기후 공학 81
기후 변화 47, 63, 76-77
기후 위기 4-7, 17, 55, 92-93, 95, 120
길 없는 지역 보존 법안 13

ㄴ

나무 23, 35, 79, 100, 119
나무 34, 46-47, 58, 72-73, 101, 114-115, 119
남극 30, 56-57, 63, 76-77
넛지 이론 14-15
네덜란드 54, 86
노르웨이 91, 94
농사 6, 32-33, 36-37, 42, 49, 58, 59, 68, 84-86, 88-89, 91-93, 106
뉴질랜드 19

ㄷ

단열재 10
대기 4, 6, 28, 34, 46, 59, 65, 69, 77, 97-98
데이터 63, 86, 88-89
동물의 권리 18-19
디드로 효과 62
똥 16-17, 40-41, 59

ㄹ

러시아 72, 74-75
레이첼 카슨 43
로렌초 퀸 55
로봇 42

ㅁ

마다가스카르섬 9, 119
메탄 4, 36-37
멸종 18, 75, 103
문샷 싱킹 120-121
물 23, 36, 38, 40, 49, 52, 57, 60-61, 70, 77-78, 82, 86, 109
물 발자국 49, 52
미국 9, 13, 16-17, 25, 31, 35, 43, 45, 71, 101, 103, 114, 118
미세플라스틱 11

ㅂ

바다 5, 7, 21, 26, 30, 38, 40-41, 70-71
바이오차 58-59
박테리아 99
반다나 시바 92-93
배 17, 26-27, 88-89, 94, 98, 108-109
버섯 26
버스 22, 54, 116
벌 54, 114
법 13-15, 18-19, 30, 43, 98, 118-119
보자기 78
보호 33, 66, 71, 75-76, 102-103
북극 76-77, 91, 94
브라질 8-9, 84, 92-93
비닐봉지 11, 14-15, 44, 78, 93
비버 60-61
비행기 17, 97
빛 29, 32-33, 50-51, 64, 106

ㅅ

사하라 사막 64
산맥 69
산불 5, 95-96
산호초 5, 38, 90, 110
살충제 43, 86, 88
생물 다양성 8-9, 54, 61
생물 자원 부국 8-9
생물권 23
생분해성 35, 79
생태계 5, 7, 23, 82
서프보드 35
석탄 4, 28, 87, 114
소 36-37, 49, 52, 84-85
수소화불화탄소 24-25
슈퍼마켓 14-15, 68
스모그 107
스웨덴 84, 92
쓰레기 5, 7, 11, 29, 31, 44-45, 59, 68

씨앗 26, 46-47, 91-93

ㅇ

아마존 열대 우림 8-9, 58, 84
아산화질소 112
알렉스 웨버 71
어선 63
얼음(해빙) 5, 56-57, 63, 76-77, 94
열대 우림 8-9, 58, 92-93
영구 동토층 74
영국 14-15, 44, 73
예술 55
오리 88-89
오스트레일리아 9, 27, 66-67, 80
오염 5, 11, 27, 39, 42, 50-51, 70-71, 76-77, 108-109, 118
온실 효과 4
온실가스 4, 17, 52, 53, 74
우주 39, 51, 65, 96, 120-121
이메일 53, 65
이사투 시세이 92-93
이산화탄소 4, 6, 28, 34, 36, 40, 46, 59, 69, 77, 82-83, 99, 108, 112, 116, 212
인 23, 40, 76
인도 9, 92-93, 115
인도네시아 9, 54
인터넷 53
일본 22, 99

ㅈ

자동차 16-17, 22, 107, 116
장려책 54
재야생화 75
재활용 7, 10, 29, 45, 54, 93, 99

전기 4, 20, 52-53, 64, 87, 104, 116
전기 흡혈귀 20
전화 53
제초제 42
조망 효과 96
조약 98
쥐 110-111
지렁이 32-33
지붕 24-25, 54, 116-117

ㅊ

청바지 10, 48
치코 멘데스 92-93
침입종 21, 66-67

ㅋ

켈프 82
쿠야호가강 118
쿨루핑(쿨루프) 24, 117

ㅌ

탄광 87, 114
탄소 발자국 52-53, 65
탄소 저장 34, 46-47, 72-73, 82
태양열 17, 42, 64-65, 87, 114, 121
터빈 87, 104-105
테 우레웨라 숲 19

ㅍ

팻버그 44
펭귄 27
풍력 87, 104-105, 108-109, 114

플라스틱 7, 11, 14-15, 29, 35, 54, 70, 79, 93, 99
필리핀 9, 81

ㅎ

해초 37, 82
화석 연료 4, 6, 17, 28
황거누이강 19
흙 23, 32-33, 42, 58, 74
흰머리수리 43

이 책을 만들기 위해서…

다양한 분야의 사람들이 함께 일했어요.

조사 · 글
로즈 홀, 제롬 마틴, 앨리스 제임스,
대런 스토바트, 알렉스 프리스, 톰 뭄브레이,
에디 레이놀즈, 란 쿡, 매튜 올덤

그림
파코 폴로, 도미니크 바이런,
데일 에드윈 머레이, 페데리코 마리아니,
제이크 윌리엄스, 알리 호프

디자인
제니 오프리, 렌카 흐레호바, 사무엘 고햄,
틸리 키칭, 루시 웨인, 윈섬 드아브레우,
프레야 해리슨, 매트 프레스턴

전문가 감수
마이크 버너스리 박사(랭커스터 대학교 교수 겸 스몰월드컨설팅 대표)
제시카 모스(스몰월드컨설팅)
오언 루이스 박사(옥스퍼드 대학교)

시리즈 디자인 스티븐 몽크리프

제품에 관해 책에 실을 수 있게 허락해 준 어내너스 아남(피나텍스-파인애플 잎을 이용한 가죽, p12),
모던 메도우(콜라겐 단백질로 만든 가죽, p12), 젤프(소가 내뿜는 메탄가스를 모으는 마스크, p36),
에코로보틱스(잡초 제거 로봇, p42), 그라비티시티(중력 에너지 저장 시스템, p87), 스튜디오 로센하르데(공기정화탑, p107),
페이프젠(사람이 밟을 때마다 전기를 생산하는 보도블록, p116)에 감사 드립니다.
'서포트ⓒLorenzo Quinn'를 파코 폴로가 그림으로 그려 55쪽에 소개할 수 있게 허락해 준 로렌초 퀸에게도 감사 드립니다.

한국어판 1판 1쇄 펴냄 2021년 2월 1일 | 1판 4쇄 펴냄 2022년 4월 30일
옮김 신인수 편집 박희정 디자인 황혜련 펴낸곳 (주)비룡소인터내셔널 전화 02)6207-5007 팩스 02)515-2007
한국어판 저작권 ⓒ 2021 Usborne Publishing Limited
영문 원서 100 things to know about saving the planet 1판 1쇄 펴냄 2020년
글 로즈 홀 외 그림 파코 폴로 외 디자인 제니 오프리 외 감수 마이크 버너스리 외
펴낸곳 Usborne Publishing Limited usborne.com
영문 원서 저작권 ⓒ 2020 Usborne Publishing Limited

이 책의 영문 원서 저작권과 한국어판 저작권은 Usborne Publishing Limited에 있습니다.
저작권법에 의하여 한국 내에서 보호를 받는 저작물이므로 무단전재와 복제를 금합니다.
어스본 이름과 풍선 로고는 Usborne Publishing Limited의 트레이드 마크입니다.